추천사

"분주하기 그지없는 일상, 때론 무료하기 그지없는 일상, 사소한 일들, 반복되는 일들로 가득한 일상입니다. 그러나 봄여름가을겨울, 새벽부터 아침과 오전, 점심, 오후, 저녁과 밤까지, 일어나고 눕고, 먹고 마시고, 출근하고 퇴근하고, 울고 웃고, 가정, 학교, 육아, 가사, 일터, 우정, 사귐, 다툼, 갈등, 휴식, 독서 등 어느 것 하나 기도 없이 가능할까요? 정치, 경제, 문화, 교육, 사회 등 어느 것 하나 기도 제목이 되지 않을 것이 있을까요?

저자는 먼저 내면을 들여다본 후 하늘을 바라봅니다. 숨 쉬듯 물 흐르듯 하늘을 향해 간절히 고백합니다. '일상기도'는 인간 삶의 어느 한 부분이라도 하나님의 돌봄과 관심에서 제외되지 않는다는 신앙에서 우러나온 고백입니다. 책상에, 침대에, 일터에, 식탁에 두고 읊조릴 기도문들입니다."

류호준 목사_ 백석대학교 신학대학원 은퇴 교수, 「일상행전」 저자

"짧은 하루 또는 일 년의 계절이라는 시간의 흐름을 따라 두 권으로 구성된 「일상기도」는 종교인이 아닌, 구체적이며 보통의 일상을 살아가는 생활인이자 법학자인 저자가 매일매일 그야말로 한 땀 한 땀 쓴 기도문 모음집이라는 점에서 그 가치가 남다릅니다. 이 책을 통해 독자는 예배 의식을 위한 종교적 미사여구로서의 기도가 아니라 일상생활의 구체적인 소재를 통해 삼위 하나님과 교제하고 동행하는 기도가 무엇인지 배우게 될 것입니다. 미국에 지리학 박사이지만 기독교 영성 신학의 대가이자 리젠트 칼리지 설립자인 제임스 휴스턴 박사가 있다면, 한국의 정한신 박사가 기도와 영성, 그리고 미션얼 삶과 사역에서 앞으로 감히 그에 필적할 만한 분이 되리라고 주저없이 말할 수 있습니다."

지성근 목사_ 일상생활사역연구소 대표

지금 이곳에서 함께 하나님 나라를 일구어 가는
일상기도

두 번째 기도

죠이선교회는 예수님을 첫째로(Jesus First)
이웃을 둘째로(Others Second)
나 자신을 마지막으로(You Third) 둘 때
참 기쁨(JOY)이 있다는 죠이 정신(JOY Spirit)을 토대로
하나님 나라의 확장을 위해 지역 교회와 협력, 보완하는
선교 단체로서 지상 명령을 성취한다는 사명으로 일합니다.

죠이선교회 출판부는 그리스도를 대신한 사신으로
문서를 통한 지상 명령 성취와 하나님 나라 확장을 위해 노력합니다.

《일상기도: 두 번째 기도》
Copyright ⓒ 2019 정한신

이 책의 저작권은 저자와 독점 계약한 죠이선교회에 있습니다.
신 저작권법에 의하여 한국 내에서 보호받는 저작물이므로 무단 전재와 무단 복제를 금합니다.

죠이북스는 죠이선교회의 임프린트입니다.

지금 이곳에서 함께 하나님 나라를 일구어 가는

일상기도

두 번째 기도

정한신 지음

죠이북스

일상 속에서 먼저 하나님 나라를 구하는 삶을 위한 기도

우리의 생각과 삶을 이끄시는 주님,
무엇을 먹을까 염려하기보다는
믿음 가운데 먹고 먹이게 하여 주시고,
우리의 생각을 사로잡아
이 땅 가운데 당신의 나라를 살아가는
상상력이 넘쳐나게 하여 주시며,
우리의 입술을 붙들어 갈등과 반목을 부추기는 도구가 아니라
평화와 소망의 도구로 사용해 주시고,
우리의 손과 발이 이 땅에 만연한 불의와 불평등과 눈물들에
저항하는 일에 사용되게 하여 주셔서,
우리의 일터와 가정과 삶의 모든 현장과 온 세계 가운데에서
먼저 당신의 나라를 구하는 삶으로
온전히 드려지게 하여 주소서.
주 예수 그리스도의 이름으로 기도드립니다. 아멘.

차 례

서문_ 일상을 기도로, 기도를 일상으로 • 10

겨울_ 인생의 씨앗을 품고 있는 계절 • 14
봄_ 생명이 움트고 꽃피는 계절 • 60
여름_ 뜨겁게 성장하며 자라는 계절 • 114
가을_ 삶이 여물고 함께 더불어 사는 계절 • 170
겨울_ 추위를 이기며 서로를 보듬는 계절 • 224

서문

일상을 기도로, 기도를 일상으로

아침 첫 열차로 출근하는 길. 플랫폼에서, 덜컹거리는 열차 안에서 스마트폰 메모장에 써 내려간 일상의 기도들.

버스와 운전석에서, 강의실과 연구실과 사무실에서, 도서관과 서재에서, 식당과 카페에서, 여행지와 공원에서, 그리고 숱한 일상의 공간 속에서 일상의 언어로 쓴 일상의 기도들.

저는 그 일상의 기도문들을 SNS로 나누면서 일상을 살아가는 사람들과 함께 기도하는 즐거움을 누렸습니다. 그리고 감사하게도 「일상기도」라는 책으로 다듬어서 더 많은 사람과 나눌 수 있게 되었습니다.

'일상기도'는 일상생활사역연구소(소장_ 지성근 목사)의 연구원으로 'TGIM' 사역을 섬기면서 일상생활을 기도의 언어로 만들어 가는 훈련을 하는 가운데 시작되었습니다. TGIM(Thank God, it's Monday! 월요일을 기다리는 사람들)은 주일 예배당에만 국한된 신앙이 아니라 평일의 일상적인 삶 속에서도 믿음으로 살아가는 일상 영성에 대한 책을 함께 읽고 적용하는 소그룹 운동입니다. 매번 모임을 마무리하면서 그날 다룬 일상의 주제로 짧은 기도문을 쓰면서 일과 인간관계 등 일상생활과 관련된 기도의 언어를 배우고 훈련할 수 있었습니다. 그렇게 시작된 일상의 기도는 보냄 받은 세상 속에서 일상의 삶을 기도로 드리고자 하는 열망과 더불어 신앙과 삶을 온전히 통합하고 일상을 예배로 드리는 삶을 소망하면서 일상 속에서 생활이 되었습니다. 보고 듣고 경험하는 일들, 일터와 삶터에서 만나는 문제들, 사람들과의 대화, 뉴스와 미디어의 내용들이 기도의 주제가 되었습니다. 그렇게 일상이 기도가 되고, 기도가 일상이 되는 유익을 누리면서 일상기도문을 쓰고 나누게 된 것입니다.

　이 과정에서 일상생활사역연구소 지성근 목사님의 도움과 격려가 큰 힘이 되었습니다. 일상의 기도를 기도문 형식으로 써 보도록 격려해 주셨고, 기도문을 읽으면서 함께 기도하는 성도들을 위해 기도문에 제목을 붙이는 것을 제안해 주셨으며, 무엇보다 '일상기도'라는 이름을 처음 제안해 주셨습니다. 진심으로 감사드립니다.

　일상기도는 일상 속에서, 일상을 드리며, 일상의 언어로 드리는 기도입니다. 일상을 살아가는 성도들이 자신의 일상을 주제로 진솔하게 드리는 기도가 일상기도입니다. 「일상기도」는 성도들이 일상을 기도로 드리고, 기도를 일상으로 누릴 수 있도록 기도의 자리로 초대합니다.

　「일상기도: 첫 번째 기도」는 새벽부터 밤까지 삶의 모든 순간 주님을 기억하는 기도로 구성되어 있습니다. 하루를 주님께 의탁하고, 일터와 가정에서의 삶을 준비하며, 일과 가정을 돌보고, 나 자신과 관계를 보듬으며, 분주한 일상 가운데 주님을 기억하고, 사소한 일상을 주님께 올려드리며, 마침내 하루를 마무리할 때까지 성도의 하루를 기도로 드릴 수 있도록 돕습니다. 「일상기도: 두 번째 기도」는 지금 이곳에서 함께 하나님 나라를 일구어 가는 기도로 구성되어 있습니다. 인생의 사계절을 살아가고 성장해 가는 일부터 계획과 다짐, 시작과 창조, 공동체와 섬김, 그리고 이웃과 세상과 나라를 위한 중보까지 보다 큰 시야를 가지고 기도할 수 있도록 돕습니다.

　처음부터 읽어가면서 기도하는 것도 좋지만 마주하는 일상의 상황이나 생각과 고민에 따라 기도문을 선택하여 읽으면서 기도하는 것도 유익할 것입니다. 느린 호흡으로 천천히 읽으면서 기도해도 좋고, 때로는 분주한 일상 가운데 스치듯 조금씩 읽으면서 기도해도 좋겠습니다. 기도하기 힘들 때나 어떻게 기도해야 할지 막막할 때, 기도를 돕는 벗으로 삼아도 좋겠습니다. 그렇게 매일, 다양한 순간 속에서 자주 일상기도를 드리는 가운데 자신의 언어로 자신의 상황에 맞는 일상기도를 드릴 수 있게 되기를 기대합니다. 멋진 문장으로 길게 쓰지 않아도 좋습니다. 한두 문장부터 시작해서 일상기도를 쓰고 나누는 성도가 많아지기를 기도합니다.

하나님은 우리를 부르셔서 세상으로 보내십니다. 보냄 받은 세상 속에서 우리는 일상의 삶을 살아갑니다. 가정과 일터, 사회와 세상으로 보냄 받은 우리는 일상적인 삶과 활동을 통하여 하나님을 예배하고 세상 가운데 일하시는 하나님의 사역에 동참합니다. 정치, 경제, 사회, 문화의 다양한 분야에서 여러 가지 문제를 다루고 사람들과 더불어 하나님의 뜻을 이루어 갑니다. 일상기도는 보냄 받은 세상 속에서 일상으로 예배하고 사역하는 성도들의 호흡입니다.

「일상기도」가 일상의 다양한 공간에서, 언제든 펼쳐 읽으면서 일상을 기도로, 기도를 일상으로 만들어 가는 작은 도구로 쓰임 받기를 소망합니다.

일상생활사역연구소 연구원
정한신

일상을

기도로,

기도를

일상으로

겨울

인생의 씨앗을
품고 있는 계절

새해를 맞이하며 드리는 기도
달력을 보면서 드리는 기도
계획을 세우며 드리는 기도 1
계획을 세우며 드리는 기도 2
어려운 결정을 해야 할 때 드리는 기도
움츠러들 때 드리는 기도
명절과 가족들을 위한 기도
일상에서 하나님 나라를 살기 위한 기도
일상에서 하나님 나라를 고백하는 기도
봄을 기다리며 드리는 기도
졸업을 하면서 드리는 기도
새 학기를 준비하며 드리는 기도
학부모가 되면서 드리는 기도
새내기를 생각하며 드리는 축복 기도
인생의 목적을 묻는 질문 앞에서 드리는 기도
일상에서 소명을 생각하며 드리는 기도
일상을 예배로 드리는 기도
일상에서 삼위 하나님을 닮아 가며 행하기를 구하는 기도
일상에서 십자가의 예수 그리스도를 따르기 위한 기도
삶의 이야기들이 기도가 되기를 소망하면서 드리는 기도
하나님의 선물인 일상을 살아가며 드리는 기도
행함이 있는 살아 있는 믿음으로 살기 위한 기도

새해를 맞이하며 드리는 기도

창조주 하나님,
오늘도 새날을 열어 주셔서 감사합니다.
새로운 한 해를 허락해 주셔서 감사합니다.
우리에게 선물로 주신 오늘, 거저 주신 한 해이기에
감사의 노래로 화답하는 매일이 되기를 원합니다.
새로운 마음으로, 새로운 결심으로 여러 일을 계획해 봅니다.
간절한 소망을 마음에 품어 봅니다.

하나님, 당신이 시간을 창조하시고
당신의 손으로 펼쳐 나가시는 그 뜻을 헤아려 봅니다.
우리로 하여금 매일 아침 눈 뜨게 하여 주시고,
세상 가운데 보내시는 그 크신 뜻을 생각해 봅니다.

구원의 하나님,
우리 자신의 계획과 소망이 아니라 당신의 나라를 먼저 구하고,
우리 몸을 당신이 기뻐하시는 산제사로 드리는
한 해가 되도록 이끌어 주소서.
우리의 바람과 원함 이전에
당신의 뜻을 구하며 걸어가는 매일이 되도록
우리와 동행하여 주소서.

그래서 우리의 일상이 당신의 뜻 안에서 보냄 받은 사명을 수행하는
신실함으로 채워지게 하여 주소서.

하나님, 우리 아버지,
한 살 더 나이를 먹으며 인생의 여정을 이어 갑니다.
영원한 당신의 시간 속에서 언제나 아이일 수밖에 없는 우리를
당신의 사랑으로 보듬어 주소서.
그저 나이만 먹지 않게 하여 주시고,
하나님 아버지와 사람들 앞에서 더욱 사랑스러워지며,
인격과 믿음이 자라 갈 수 있도록 이끌어 주소서.
매일매일 우리 주님을 닮아 갈 수 있도록 우리를 다듬어 주소서.

시작과 끝이 되신 하나님,
새해의 시작도 한 해의 마침도 당신 안에 있습니다.
그러므로 당신을 영원히 찬송하며 당신께 영광을 돌려 드립니다.
주 예수 그리스도의 이름으로 기도드립니다. 아멘.

달력을 보면서 드리는 기도

창조주 하나님,
시간의 주인 되신 하나님, 역사의 주관자 되시는 하나님,
오늘도 당신의 구원 역사 속에서 살아갈 수 있게 하여 주시니 감사합니다.
우리가 살아가는 시간을 의식할 때마다
당신 앞에 무릎 꿇고 겸손히 예배하길 원합니다.
해가 떠서 저물고 밤이 찾아 왔다가 아침이 오는
이 신실한 시간의 흐름 속에서 당신의 신실하심을 또한 느낍니다.
당신이 우주를 운행하시지 않으면
우리는 일 분 일 초도 호흡할 수 없음을 고백합니다.
그래서 오늘도 당신의 신실하심을 의지하여 일상을 살아갑니다.

하나님, 하루에도 몇 번씩 보게 되는 달력 속에서 당신을 만납니다.
달력에 담긴 창조의 시간들을 묵상해 봅니다.
일주일의 첫날을 당신을 송축하며
그리스도의 부활을 노래하도록 하신 하나님,
당신을 예배하는 참 안식 위에 우리의 모든 삶을 세워 가게 하신
그 뜻을 새겨 봅니다.
월요일부터 토요일까지 시간을 허락해 주신 하나님,
주일뿐만 아니라 일주일의 모든 날이 '주의 날'이며,
주님께서 주인 되시는 특별한 날임을 고백합니다.

하나님, 우리 삶이 주일만 거룩하게 지키는 것이 아니라
매일의 일상을 거룩한 산제사로 드리는 예배가 되게 하여 주소서.

하나님, 오늘도 달력에 일정을 표시합니다.
일에 관한 일정, 가정사, 친구와의 만남, 여러 모임,
지출해야 할 돈에 관한 일정, 월급날, 생일, 국경일과 휴일,
교회 일정, 교회력, 말씀 읽기 일정 등등,
이 모든 일정을 달력에 표시하면서 당신이 주인 되시는 시간들에
이 모든 것을 올려 드리는 기도를 드립니다.
모든 것이 당신의 손 안에서 거룩해지고
당신께 영광 돌리는 것이 될 수 있도록 성령 충만하게 하여 주소서.

우리의 일상을 받아 주시고, 하나님 나라의 역사 가운데 두신 주님,
감사합니다.
주 예수 그리스도의 이름으로 기도드립니다. 아멘.

계획을 세우며 드리는 기도 1

우리의 모든 삶을 주관하시며
온 세상을 향한 계획을 가지고 계신 하나님,
오늘도 당신의 헤아릴 수 없는 원대한 계획 가운데
꿈꾸고 일하며 살아가게 하시니 감사합니다.

하나님, 일상을 살면서 우리도 계획을 세우고 살아갑니다.
아침에 눈을 뜨면 하루를 내다보며 계획을 세웁니다.
다가올 한 주의 계획을 세우고,
한 달, 일 년, 수년의 계획을 세우곤 합니다.
그 계획 속에는 우리 인생의 현주소가 담겨 있고,
우리의 욕망과 희망이 담겨 있기도 합니다.
그 계획 속에는 우리 심중에 자리한 중심 가치관이 녹아 있기도 합니다.

하나님, 우리가 계획을 세우고 인생을 설계할 때에도
당신과 동행하며 행할 수 있도록 이끌어 주소서.
그래서 당신이 기뻐하시는 뜻을 잘 반영하는 계획을
세워 갈 수 있게 하여 주소서.
당신이 선물로 주신 시간에 무엇을 하고, 누구를 만나며,
무엇을 위해 살아가는지가
당신을 따르는 제자도의 모습 그 자체인 것을 고백하오니

계획을 세우는 이 일부터 온전히 당신을 따르는 모습이게 하여 주소서.
하나님, 어리석은 자처럼 우리 자신의 욕망만
탐욕스럽게 채우는 계획을 세우기보다
당신이 명하시고 본을 보이신 대로
우리 자신을 나누고 드리는 계획을 세울 수 있도록 지혜를 주소서.

하나님, 계획을 세우면서 겸손하게 행하는 지혜도 허락해 주소서.
사람이 계획하지만 이루시는 분은 당신임을 인정하는 삶이길 원합니다.
계획대로 되지 않는 일들, 특히 우리의 통제와 예측을 넘어서는 일들을
온전히 받아들이고 기도하는 지혜를 가질 수 있게 하여 주소서.

계획만을 세우고 행하지 않는 어리석음에 빠지지 않도록
우리를 지켜 주소서.
계획을 세우며 기도하고, 기도하면서 행함으로
우리에게 맡겨 주신 일상적인 소명들을 잘 감당하기를 원합니다.

하나님, 계획을 세우면서 중심을 잘 잡을 수 있도록 지혜를 주소서.
수많은 요구 앞에서 흔들리는 것이 아니라
당신께서 주신 사명에 따라 행하고,
때로는 지혜롭고 겸손한 모습으로 일정을 조정하기도 하며,
꼭 해야 할 일들을 할 수 있는 지혜와 용기를 주시옵소서.

하나님, 오늘도 계획을 세우며 일상을 살아갑니다.
이 모든 삶의 과정이 믿음의 여정인 것을 고백합니다.

계획의 성취 여부가 우리 삶의 성공 여부를 결정짓는 것이 아니라 하나님 당신과 온전히 동행하는 이것이 복된 삶임을 고백하오니 약속하신 대로 우리와 함께하여 주소서.
주 예수 그리스도의 이름으로 기도드립니다. 아멘.

계획을 세우며 드리는 기도 2

전능하신 하나님,

우리가 여러 계획을 세울 때

겸손히 자신의 한계를 인정하는 지혜와,

안주하지 않는 용기,

그리고 열매 맺는 성실함을 주시고,

다만 우리 길을 인도하시는 당신을

깊이 신뢰할 수 있도록 이끌어 주소서.

주 예수 그리스도의 이름으로 기도드립니다. 아멘.

일상을
기도로,
기도를
일상으로

☽ 어려운 결정을 해야 할 때 드리는 기도

모든 것을 아시는 하나님 아버지,
당신의 지혜는 무궁하고 당신의 판단은 공의로우시니
당신 앞에서 우리의 무지와 지혜 없음을 고백하고 긍휼을 구합니다.

하나님 아버지, 어려운 결정 앞에서 기도합니다.
미루거나 피하고 싶지만 자신이 결정하지 않으면 안 되는
결정의 순간이 있음을 고백합니다.
몇 날 며칠을 고민하고 이리저리 생각해 보아도
쉽게 결정할 수 없는 문제들이 있음을 고백합니다.
나의 결정으로 인해 나 자신뿐만 아니라
주위 사람들도 영향을 받게 되는 그런 결정의 무게 때문에
잠 못 이루는 시간들이 있음을 고백합니다.
하나님, 우리에게 지혜를 주시옵소서.
담대함과 믿음을 허락해 주소서.

하나님 아버지, 때로는 우리가 내려야 할 결정이
옳고 그름이라는 잣대로 구분하기가 쉽지 않은 내용일 때도 있습니다.
원칙이나 법, 윤리의 기준으로
단순하게 판단할 문제가 아니라고 느껴질 때도 있습니다.
이런 상황 속에서 갈등하고 힘겨워하는 우리를 붙들어 주시옵소서.

결정을 통해서 져야 할 책임 때문에 두려워하고 불안해할 때

우리를 지켜 주시고,

딜레마에 빠져 한 발짝도 나아갈 수 없다고 느낄 때

피할 길을 열어 주소서.

하나님 아버지, 어려운 결정을 해야 할 때에는

마치 안개 속을 지나는 듯 앞이 보이지 않는 것 같습니다.

우리 앞길에 빛이 되시는 당신의 말씀을 의지합니다.

그리고 무엇보다도 홀로 외롭게 결단해야 할 때라고 느끼는 그 순간에도

우리 손을 잡고 계시는 당신을 의지합니다.

소경 같은 우리를 이끌어 주시고 우리의 발을 붙들어 주소서.

때로는 결정 때문에 후회하고 고통당할 때에도

신실하신 당신 안에 있음으로 평안하게 하여 주소서.

당신 안에서 책임 있게 살아갈 수 있도록 하여 주소서.

하나님 아버지, 우리의 일상을 당신께 맡겨 드립니다.

우리의 길을 주관하여 주소서.

주 예수 그리스도의 이름으로 기도드립니다. 아멘.

움츠러들 때 드리는 기도

온 세상을 만드시고 온 세계를 품으시는 전능하신 하나님,
당신의 백성으로 살게 하시니 감사합니다.

하나님 아버지,
점점 추워지는 날씨에 어깨를 잔뜩 움츠리고 하루를 살아갑니다.
어깨를 움츠리는 만큼 우리 마음도 움츠러들기 쉬운 것을 고백합니다.
우리는 다른 이들을 향하여 마음을 열지 못하고
세상 속에서 일어나는 일들에 대해서도 애써 외면한 채
움츠린 우리 자신의 문제 안으로 들어가기 쉬운 존재입니다.

하나님 아버지,
우리는 거대한 구조의 문제들 앞에서
무력함을 느끼며 움츠러들기 쉽습니다.
나와 우리 가족의 안위만 생각하며
세상 속에 만연한 불의와 모순에 눈감기 쉬움을 고백합니다.

하나님 아버지,
우리는 다른 사람의 성취와 능력을 바라보면서 움츠러들기도 합니다.
그저 평범한 일상을 살아가는 현재를 보며 한숨짓기도 하고
다른 사람과 비교하며 위축되기도 합니다.

돈과 질병과 생활의 염려가 우리를 옥죄고 움츠러들게 하기도 합니다.
사방으로 옥여싼 듯한 위기 상황 속에서 움츠러들기도 하고
해결할 수 없을 것 같은 산적한 일 앞에서 위축되기도 합니다.

하나님 아버지,
움츠리는 순간에도 당신을 바라봅니다.
말씀하신 대로 먼저 당신의 나라와 의를 구합니다.
그렇게 전능하시고 충만히 다스리시는 왕 되신 당신과
그 나라를 생각하다 보니
움츠린 자아를 벗고 당신과 이웃을 사랑하는 삶으로 나아가게 됩니다.
도망 다니며 잔뜩 위축된 다윗이 그 와중에도 아둘람 공동체를 형성하고,
사람들을 돕는 일에 나선 것처럼
그렇게 우리도 어떤 상황에서든 당신을 예배하고
부르심에 합당하게 행하며 사람들을 돕고 섬기며
당신의 나라를 위해 애쓸 수 있도록 이끌어 주소서.
우리 자신의 모습에 함몰되지 않고
아버지 하나님을 바라보게 하여 주소서.
다른 사람의 인생을 끝없이 동경하기보다
우리 자신의 부르심의 자리에서 감사하며 찬양할 수 있게 하여 주소서.
세상의 거대한 구조적 문제들 앞에서
체념하지 않고 행할 수 있는 힘을 주시옵소서.
일상 속에서 움츠러들지 않고
하나님 나라를 위해 사는 일상이 되게 하여 주소서.
주 예수 그리스도의 이름으로 기도드립니다. 아멘.

◐

명절과 가족들을 위한 기도

시간의 주인이신 하나님,
당신이 베풀어 주신 시간 안에 살면서 절기를 지키고 명절을 지킵니다.
이렇게 명절을 지키는 것이 우리 문화에서
중요한 일상으로 자리 잡고 있기에
이러한 일상 속에서도 더욱 기도해야 함을 느낍니다.

우리를 지키시는 주님,
명절을 맞아 고향을 찾고 가족을 만나기 위해 오갈 때
우리를 안전하게 지켜 주소서.
들뜬 마음에 실수도 많고, 평소에 비해 주의력도 떨어지고,
피곤한 가운데 낯선 길을 운전할 때 주님, 지켜 주소서.
가족들이 건강하고 명절 기간에 질병에 걸리지 않도록 지켜 주소서.

참 사랑이신 하나님, 우리가 명절에 가족들을 만날 때
특별히 사랑이신 당신의 마음을 품고
가족들을 대할 수 있게 이끌어 주소서.
가족만큼 편안하고 허물없고 감사한 사람들이 없지만
때로는 가족이기에 더 많이 실망하고 서로 고통을 주고
서로의 마음에 짐을 주는 경우도 많습니다.
사랑의 주님, 명절이 가족들의 사랑을 확인하고

서로에 대한 감사를 표현하는 누림의 시간이 되도록 이끌어 주소서.
명절이 그간의 갈등을 표출하는 시간이 되기보다
그간의 갈등이 참된 화해와 회복으로 바뀌는
소중한 시간이 되게 하여 주소서.
당신이 우리에게 가르쳐 주시고
십자가 사랑으로 회복해 주신 그 사랑은
미움에서 용서와 화해로, 무관심에서 참된 관심으로,
방치에서 따뜻한 돌봄으로 우리를 변화시켜 주시니
그 사랑으로 우리 가족들이 회복되게 하여 주소서.

참 섬김의 주님, 명절을 지내면서 가족들 안에
서로 짐을 나누고 섬기는 모습이 있길 기도합니다.
기도하는 우리 자신이 섬김으로 허드렛일을 감당하고
가족들의 필요를 채워 주는 즐거움을 누릴 수 있도록 힘을 주소서.
주님의 마음을 품을 수 있도록 우리를 변화시켜 주소서.

고아와 나그네와 과부의 아버지가 되시는 하나님,
명절의 풍성함을 제대로 누리지 못하는 이들의 마음을 만져 주소서.
이 땅의 수많은 외국인 노동자의 형편을 생각합니다.
맘 편히 고향으로 가지 못하고 칼바람 맞으며 목소리를 높이는
해고 노동자들의 눈물을 생각합니다.
명절로 인하여 더욱 맘이 가난해지는 이들을 생각합니다.
아버지 하나님, 우리 이웃들의 차가운 손을 잡아 주소서.

하나님 아버지, 명절이 되고, 가족들을 찾아가 만나면서
우리 자신의 뿌리를 생각해 보게 됩니다.
우리를 당신의 가족으로 삼아 주시니 감사합니다.
당신의 사랑어린 자녀처럼 그렇게 살아가게 하여 주소서.
사랑을 받은 자녀답게 우리 육신의 가족들을 먼저 사랑하고,
이웃을 사랑하는 삶이 되게 하여 주소서.
주 예수 그리스도의 이름으로 기도드립니다. 아멘.

일상에서 하나님 나라를 살기 위한 기도

왕이신 하나님,
아들을 보내셔서 당신의 나라를 열어 주시고
우리로 하여금 그 나라 안에 살게 하여 주셔서 감사합니다.
예수 그리스도를 믿음으로 고백하는 것이
단지 우리 내면에만 머무는 고백이 되지 않도록
늘 우리를 일깨워 주옵소서.
진정으로 이 땅에서 오늘 하나님 나라를 살아가는 백성으로,
세상과는 다른 일상을 꾸려 갈 수 있게 하여 주소서.
다가올 미래나 죽음 이후의 낙원을 생각하기보다
오늘의 일상에서 왕이신 당신의 다스리심에 순종하고
이 땅에 사랑과 공의가 넘쳐나도록,
당신의 주권을 인정하는 일이 편만하도록 살아가게 하여 주소서.
하나님 나라를 사는 이것이 우리의 인격을 변화시키고
매일의 관계와 일터에서 우리의 태도와 말과 행동을 변화시키는 것이 되어
우리 자신은 물론 세상도 하나님의 나라를 보게 하여 주소서.
왕이신 하나님, 다스리시는 주님,
세상의 나라가 보여 주는 권력과 부와 이미지에 현혹되지 않고
언제나 당신의 나라를 일상에서 보고
당신께만 영광 돌려 드리는 삶이 되도록 우리를 이끌어 주소서.
주 예수 그리스도의 이름으로 기도드립니다. 아멘.

◐
일상에서 하나님 나라를 고백하는 기도

온 세상을 지으신 하나님,
우리의 온 일상을 드려 당신을 예배하고 경배합니다.
왕이신 하나님,
우리의 가정과 일터와 모든 삶터 안에서
당신의 나라가 이미 임하여 꽃피우고 있음을 보게 하시니 감사합니다.
그리고 간구합니다.
우리의 모든 일상이 하나님 나라이며,
하나님의 신비임을 보는 눈이 더욱 또렷이 열리게 하여 주소서.
어둠과 죄 가운데 막히고
피곤과 실망과 절망 속에서 주저앉는 삶이 아니라,
참으로 열린 눈으로 일상 속에 임하신
당신의 손길을 보고 누리는 삶이 되게 하여 주소서.
우리의 안력을 회복하여 주소서.
그래서 우리의 가슴이 매일 매 순간 당신의 나라로 인하여
뛰게 하여 주소서.
주 예수 그리스도의 이름으로 기도드립니다. 아멘.

봄을 기다리며 드리는 기도

계절과 인생을 주관하시는 하나님,
새봄을 기다리며 당신께 기도합니다.
겨우내 언 땅이 풀리고 따스한 봄바람이 불어오듯이
오랫동안 움츠린 우리의 몸과 마음에도
희망의 훈풍이 불어오게 하여 주소서.
완연한 봄이 오기까지 여전히 인내하고 기다려야 할 시간들이 있지만
신실하신 당신의 손길은 결국 봄을 이끌어 주신다는 것을 믿습니다.
그런 믿음으로 우리도 오늘의 일상과 이 시대를 살아갈 때
인내와 소망으로 신실하게 살 수 있도록 이끌어 주소서.
주 예수 그리스도의 이름으로 기도드립니다. 아멘.

졸업을 하면서 드리는 기도

우리를 부르시고 당신의 뜻 안에서 사용하시는 하나님,
우리에게 그 소명을 따라 살 수 있는 지혜를 주시고
보냄 받은 곳에서 당신의 나라를 위해 더욱 충성할 수 있도록
이끌어 주시옵소서.
우리의 인생을 주관하시는 하나님,
당신은 인생의 사계절을 신실하게 우리와 함께해 주시고 동행하여 주시며,
때마다 철마다 우리를 인도하여 주십니다.
당신 안에서 걸어온 여정, 그리고 걸어갈 길을 감사합니다.

학교마다 졸업식이 있는 시기입니다.
졸업장을 받고, 정든 친구들과 스승님들과 인사하고,
학사모를 쓰고 사진을 찍으며 특별한 시간을 만들어 가면서
그 무엇보다 오늘까지 함께해 주신 하나님 당신께 감사합니다.
그리고 숨은 수고로, 남모르는 눈물로 자식들을 뒷바라지한
부모님께 감사합니다.

하나님, 졸업을 하면서 기도합니다. 기도하면서 지혜를 배우길 원합니다.
하나님, 먼저 감사하길 원합니다.
지난 수년의 세월을 지나오면서 이만큼 지식과 사람됨이 자라난 것은
나 자신의 힘이 아니라 하나님 당신과

당신이 허락해 주신 사람들 때문인 것을 헤아리길 원합니다.

부모님, 선생님과 교수님, 친구들,

그리고 여러 사람의 손길 덕에 이만큼 왔고

앞으로의 삶으로 발돋움할 수 있게 되었다는 것을 알고

겸손히 감사하길 원합니다.

그분들의 손길에도 불구하고 덜 자라고 모나고 모자란 것이 있다면

그것은 숱한 가르침을 온전히 받들지 못한

나의 탓인 것을 인정하고 또한 겸손하길 원합니다.

하나님, 다시금 소명을 생각하길 원합니다.

졸업이라는 것이 이제 겨우 인생의 한 단계를 마무리 짓는 것이지만

그 단계마다 부르심에 얼마나 합당하게 살았는지 돌아보는 계기가 되니

감사합니다.

하나님, 온전히 소명을 상기하길 원합니다.

인생의 어느 단계에 있든 우리의 소명은

하나님 당신을 알아가고 사랑하는 것,

이웃을 내 몸과 같이 사랑하는 것임을 고백합니다.

그 고백 안에서 우리가 공부하는 일이, 직장을 구하는 일이,

일터에서 열심히 일하는 일이 제자리를 잡을 수 있도록

우리를 늘 붙들어 주시옵소서.

졸업을 하고 다음 단계로 나아갈 때 그곳이 어디든

보냄 받은 바로 그곳이 소명의 자리임을 알고,

온전히 우리 자신을 드릴 수 있도록 이끌어 주시옵소서.

하나님, 졸업을 하면서 우리가 배운 것들을 생각합니다.
우리가 배운 것들은 모두 우리 자신을 위해 살기 위한 도구가 아니라
이웃을 섬기고 세상을 섬기는 일을 위해 허락하신 것임을
다시 한 번 새겨 봅니다.
바로 이 일을 위해 우리가 부름 받았으니
진학을 해서도, 사회에 나가서도,
섬기는 공부에 더욱 헌신하길 원합니다. 우리에게 지혜를 주시옵소서.

인생을 주관하시고 우리를 돌보아 주시는 아버지 하나님,
졸업 이후의 삶이란 늘 더 큰 도전과 과제를 맡기곤 합니다.
우리가 조바심으로 살지 않고
신실하신 당신 안에 삶을 맡기며 살아갈 수 있도록 붙들어 주시옵소서.
생활이 변화되고 만나는 사람들과 환경이 바뀔 때
두려움으로 움츠러들기보다
당신이 주시는 새로운 선물들을 기대하는 마음으로,
믿음으로 살기를 원합니다.

하나님 아버지, 졸업식장에서 지나온 시간들을 돌아보며 감사합니다.
그리고 우리 앞에 펼쳐질 시간들을 내다보며 또한 감사합니다.
우리는 당신의 것입니다.
우리는 당신 안에서 당신과 함께 걸어갑니다.
우리와 함께해 주심을 믿습니다.
주 예수 그리스도의 이름으로 기도드립니다. 아멘.

◐ 새 학기를 준비하며 드리는 기도

우리의 모든 일상의 주인이 되시는 주님,
오늘도 우리가 살아가는 일상을 놓고 기도합니다.
당신은 우리와 같이 사람의 몸으로 사시고
당대의 구체적인 문제들 속에서
사람들이 경험하는 어려움들을 친히 몸으로 겪으신 분이시니,
우리의 형편을 아시는 당신 앞에 우리 마음을 내어놓습니다.

주님, 학교와 배움의 공동체 속에서 배우고 자라게 하시니 감사합니다.
이 모든 과정 가운데 우리가 만나는 지식과 사람들과 경험들을 통해
당신이 부르시고 보내시는 삶터와 일터를 위해 구비되고,
사람들을 만나고 대하며 사회를 이해하는 폭이 넓어지도록
우리를 잘 이끌어 주소서.

주님, 졸업 시즌입니다. 그리고 새 학기를 준비하는 기간이기도 합니다.
특히 새 학기를 준비하는 이들을 위해 기도합니다.
새 학기를 준비하는 학생들이
배우는 기회를 얻은 것을 감사할 수 있는 마음을 허락해 주소서.
자신만을 위해 이 기회를 소진하지 않게 하여 주시고
배움의 자리로 보내 주신 이의 뜻을 따라
하나님을 사랑하고 이웃을 사랑하는 소명을 위해

배울 수 있게 하여 주소서.

등록금과 학비, 교복 값 등등

지나치게 높은 교육비 때문에 고민하는 이 땅의 학생들과

학부모들의 눈물을 닦아 주시옵소서.

부와 재정을 정의롭게 분배하고 제대로 된 정책을 추진해서

돈 때문에 배움의 기회를 박탈당하거나

빚더미에 앉는 학생들이 없어지도록

이 땅의 위정자들과 정책 입안자들을 깨워 주소서.

학생들을 가르치는 선생님들을 붙들어 주소서.

그저 반복되는 매 학기로 여기고

스쳐 지나가는 학생들로 여기지 않게 하여 주소서.

가르치는 일로 보냄 받은 그 소명을 따라 신실하게 가르치고

사랑으로 가르치는 선생님들이게 하여 주소서.

학교의 비정규직 선생님들이

가르치는 기회를 부당하게 박탈당하고 차별받는 현실을 봅니다.

이런 구조적인 모순은 선생님과 학생들의 마음에 상처를 남기고,

불평등한 현실을 고착화하는 일임을 봅니다.

주님, 교육 현장에서 비정규직 문제를 해소하고

제대로 된 정책을 세워 갈 수 있도록 정책 결정자들을 깨워 주시옵소서.

새 학기를 준비하는 학부모들을 위해 기도합니다.

교육 수준이 곧 계급과 서열이 되는 사회 속에서

불안감으로 자녀들을 몰아세우지 않고,

진정 하나님 안에서 온전한 사람이 되도록
돌보고 돕는 이들이 될 수 있게 하여 주소서.
변화될 것 같지 않은 거대한 구조 앞에서
그저 우리 자녀만 잘되면 된다는 식으로 반응하기보다
아이들에게 더 행복한 교육 환경과 사회적 분위기를 만들어 줄 수 있도록
행하는 이들이 되게 하여 주소서.

교회가 더 높은 자리를 추구하고 세상적으로 잘되는 것을
복음으로 선포하는 행태에서 돌아서서
진정 주님 당신을 온전히 따르는 이들을 격려하고
낮은 자리로 나아가는 이들을 위해 기도하는 공동체가 되게 하여 주소서.

주님, 새 학기를 준비하며
소망과 설렘만 가득하지 않은 이 땅의 현실을 느낍니다.
당신이 이 땅에 오시고 십자가를 지시며
부활하심으로 열어 주신 하나님 나라를 오늘의 일상에서 살아 내기 위해
성도들이 특히 교육 영역에서 기도하며 헌신해야 함을 고백합니다.
우리에게 지혜와 용기와 믿음을 주시옵소서.
주 예수 그리스도의 이름으로 기도드립니다. 아멘.

학부모가 되면서 드리는 기도

우리의 아버지이신 하나님,
우리를 사랑하시되 끝까지 사랑하여 주시고
늘 우리를 위해 좋은 것들로 채워 주시며,
우리를 이끌어 주시니 감사합니다.
우리가 아버지 당신의 사랑 안에서
매일매일 성장해 갈 수 있도록 이끌어 주소서.
또한 당신의 본을 따라 온전한 부모로 자라 갈 수 있도록 하여 주소서.

하나님, 아이를 학교에 보내고 학부모가 되면서 기도드립니다.
입학을 위해 이것저것 준비하고
아이들이 다닐 학교에 가 보고 선생님을 만나면서
새로운 세계로 나아가는 아이만큼 우리 마음도 설레고 긴장되며
여러 생각이 많아집니다.
하나님, 아이에 대한 기대와 염려에서 자유롭게 하여 주소서.
아이들을 믿고 든든한 울타리가 되어 줄 수 있도록
우리 마음 가운데 너른 공간을 허락해 주소서.
우리 스스로 분주하고 조급한 마음으로 행하지 않고,
비교하는 마음과 두려워하는 마음으로 행하지 않도록 이끌어 주소서.
아이에게 우리 자신의 욕망을 투영하고
아이의 삶을 통제하기 위해 애쓰기보다는

아이를 향한 당신의 마음과 계획에 집중하면서
하나하나 행할 수 있게 하여 주소서.
더욱 잘 듣고 적절하고도 지혜롭게 행하며
아이와 함께하는 좋은 학부모가 될 수 있도록 이끌어 주소서.
세상이 말하는 교육 방식과 풍조들에 휩쓸리지 않고
중심을 잘 잡고 행할 수 있도록 우리 마음을 온전케 하여 주소서.

아버지 하나님, 학부모가 되면서 기도합니다.
우리 자신은 마치 다 된 것처럼 착각하는 교만에서 벗어나
온전히 겸손하게 행하는 매일이 되기를 기도합니다.
주 예수 그리스도의 이름으로 기도드립니다. 아멘.

새내기를 생각하며 드리는 축복 기도

캠퍼스와 온 세상의 주인이신 하나님,
당신의 나라를 위하여 우리를 불러 주시니 감사합니다.
우리가 부르심에 합당하게 생활할 수 있도록 우리를 이끌어 주소서.
주님, 특별히 캠퍼스 안에서 복음을 나누고 사람을 길러내는 일로
믿음의 사람들을 불러 주시고 세워 주시니 감사합니다.
푸르고도 척박한 캠퍼스에서 하나님 나라 운동에 헌신하는 이들이
해마다 이어져서 캠퍼스에 복음의 생명력이 가득하도록 이끌어 주소서.

주님, 새내기들을 생각하면서 소망을 새롭게 합니다.
당신이 이들을 통해서,
이들과 함께 행하실 일들을 생각하며 감사합니다. 그리고 축복합니다.
주님, 새내기들이 캠퍼스에서 당신을 새롭게 만나고
당신을 알아 가는 즐거움을 누릴 수 있게 하여 주소서.
세상의 다른 모든 지식보다
하나님을 아는 지식이 가장 고귀할 뿐만 아니라
모든 지식의 열쇠가 된다는 것을 깨닫게 하여 주소서.
그래서 당신을 알아 가는 일에
온전히 헌신하는 지혜로 살게 하여 주소서.

주님, 새내기들이 캠퍼스에서 진정한 공동체를 누릴 수 있게 하여 주소서.

당신의 사랑 안에서 사랑받고 사랑하는
풍성한 삶을 배우고 누릴 수 있게 하여 주소서.
믿음의 공동체 안에서 하나님을 알아 가고
그 나라를 먼저 구하는 생활을 체득하게 하여 주소서.
평생을 함께할 친구와 동역자를 만날 수 있게 하여 주소서.

주님, 새내기들이 이웃을 섬기며 보냄 받은 세상을 섬기는
진정한 공부를 할 수 있도록 이끌어 주소서.
자신의 안전과 지위를 확보하기 위해 공부하는 것이 아니라
나누고 섬기기 위해 공부하는 즐거움을 알게 하여 주시고,
이를 위해 필요한 지혜와 모든 자원을 더하여 주소서.

주님, 새내기들이 말씀과 학문과 공동체와 다양한 경험을 통해
은사와 소명을 알아 가고, 온전한 세계관을 세워 가며,
자신을 넘어 이웃과 세상을 향해 발돋움할 수 있도록
이끌어 주시옵소서.
그래서 보냄 받은 삶의 현장에서
신실하게 당신을 따를 수 있도록 구비하여 주시옵소서.

주님, 미래에 대한 불안과 경쟁, 그리고 돈이 지배하는 캠퍼스 안에서
새내기들이 당신의 제자로, 보냄 받은 사명의 사람으로,
하나님 나라의 사역자로 살아갈 때
이들을 지켜 주시고, 이들과 함께해 주소서.
때로는 현실의 벽 앞에서 시행착오와 실패도 경험하겠지만

당신이 주시는 놀라운 힘과 돌봄을 누림으로
감사가 넘치게 하여 주소서.
많이 사랑하고 꿈꾸며
그렇게 당신이 허락하신 푸른 계절을
즐거워하는 이들이 되게 하소서.
주 예수 그리스도의 이름으로 기도드립니다. 아멘.

인생의 목적을 묻는 질문 앞에서 드리는 기도

인생의 참 의미와 목적을 밝혀 주시는 주님,
오직 당신만이 우리 생의 목적이며
우리 평생의 이정표가 되심을 고백합니다.

주님, 살면서 왜 사는지, 나이 들어 어떻게 살 것인지를 묻는
질문 앞에 설 때가 있습니다.
주님, 당신 안에서 우리 삶이 진실한 대답이 될 수 있도록
우리를 이끌어 주소서.

그저 당신의 은혜 안에서 사는 인생이기에
겸손히 당신을 따르는 일 외에는 다른 대답이 없음을 고백합니다.
당신을 따라가는 생이 되게 하여 주소서.
당신과 동행하며 삼위 하나님을 알아 가고
찬송하는 생이 되게 하여 주소서.
그래서 당신이 말씀하신 것처럼
하나님을 사랑하고 이웃을 사랑하며
당신이 열어 주신 나라에서 당신의 백성으로
온전히 살아갈 수 있도록 이끌어 주소서.
당신의 나라를 구하며
당신의 나라를 위해 우리 자신을 드리는 생이 되게 하여 주소서.

주님, 우리 삶을 당신의 빛으로 비추어 주시고
우리의 일상을 새롭게 하여 주소서.
우리의 모든 일상이
당신께 영광 돌려 드리는 예배가 되게 하여 주소서.
우리의 일생이 그리되게 하여 주소서.
주 예수 그리스도의 이름으로 기도드립니다. 아멘.

일상에서 소명을 생각하며 드리는 기도

사랑하는 삼위 하나님,
우리를 부르시고 당신의 창조 세계를 맡겨 주시며
당신의 뜻을 이 세상 가운데 이루어 가실 때
동반자로 삼아 주시니 감사합니다.
당신과 함께 걸어가는 이 길이 얼마나 즐거운지요!
얼마나 가슴 벅찬 일인지요!
하나님, 매일 매 순간 당신의 부르심을 생각하며
일상을 살아가길 원합니다.
한 걸음 한 걸음 당신과 함께,
날마다 날마다 그 부르심에 합당하게 살기를 원합니다.

창조주요 구원자 되시는 당신을 더 깊이 사랑하고 알아 가며
찬송하도록 우리를 불러 주신 주님,
우리가 이 세상에서 무엇을 하고
어떤 처지에 있으며 어떤 직업을 가지고 있든지
온전히 우리를 부르신 당신을 아는 이 소명을 굳게 붙들기를 원합니다.
당신을 아는 것이 우리 평생의 소명이고,
이 소명의 자리에 온전히 있을 때에라야 우리의 생은 비로소
참 의미와 참 기쁨으로 충만해진다는 것을 고백합니다.
너무나 많은 것이 우리의 관심을 끌고 우리의 시선을 붙들지만,

또 너무나 많은 정보가 우리를 압도하지만

온전히 당신을 알아 가고 찬송하는 이 소명의 길에서

결코 벗어나지 않도록 우리를 이끌어 주시옵소서.

만물의 주인이신 하나님, 우리를 부르신 것이

주일 아침 예배당 안에서의 시간에 한정되는 것이 아니라

우리의 전 존재와 모든 일상적 삶을 향한 소환인 것을 고백합니다.

그래서 우리의 일생 동안 우리가 행하는 모든 직업과 사회적 활동이

당신의 나라를 일구어 가고 당신이 맡기신 창조 사역을 감당하는

소명인 것을 또한 고백합니다.

그러므로 늦은 시간 수업을 준비하는 책상머리도 소명의 자리이고,

고독한 연습의 자리도 소명의 자리이며,

새벽에 찬바람 맞아 가며 공장으로 향하는 걸음도

소명의 자리임을 고백합니다.

작은 일이든 큰 일이든 주께 하듯 하는 그 자리가 소명의 자리이기에,

가장 풍부한 커피 향을 내기 위해 노력하고

탁자를 닦으며 하루를 준비하는 카페도 소명의 자리임을 고백합니다.

식구들을 위해 새벽같이 일어나 밥을 하는 일도,

아무도 알아주지 않는 설거지와 청소를 하는 일도

소명의 자리임을 고백합니다.

하나님 당신께 영광 돌리기 위한 일상적 삶이 소명의 자리이기에,

하루 종일 기계음 속에 작업하는 일터에서 정밀하게 제품을 만들어 내고

안전하게 점검하는 일도 소명으로 사는 일임을 고백합니다.
회사 내에서의 부조리한 관행을 깨뜨리기 위해 고민하고 행하는 일도
그래서 소명으로 사는 일임을 고백합니다.

하나님, 이처럼 당신이 우리의 일생 동안 맡기신 일들이 소명이기에
그 일을 오래 하든지 짧게 하든지, 보수가 좋든지 그렇지 않든지,
우리의 적성에 꼭 맞든지 맞지 않든지,
단기간에 성과가 나든지 나지 않든지
마음을 다하고 뜻을 다하고 힘을 다하여 행하길 원합니다.
우리에게 지혜와 인내와 진실한 마음과 힘을 주시옵소서.

우리를 사랑하시고,
이 세상에 보내신 사람들을 사랑하시는 아버지 하나님,
우리를 사람들에게 보내 주신 것을 생각합니다.
우리의 일생 동안 사람들 안에서 살면서 사랑하고 섬기는 일이
또한 소명인 것을 고백합니다.
인생의 여정 가운데 짧든지 길든지
함께 알아 가고 만나는 이들에게 당신의 사랑과 복음을 나누고,
당신이 우리에게 그러했듯이 이 사람들을 참 인격으로 대하며
성실함과 섬김으로 만나 갈 수 있도록
우리를 매일매일 붙들어 주시옵소서.

우리를 불러 주신 하나님,
우리를 자녀로, 친구로, 교회로, 예배자로, 사명자로,

청지기로, 일꾼으로, 군사로 불러 주신 삼위 하나님,
부르심에 합당하게 행하기를 원합니다.
우리와 늘 함께하겠다는 그 약속을 믿고
성령 충만함 가운데 소명을 따라 살 수 있도록 이끌어 주소서.
주 예수 그리스도의 이름으로 기도드립니다. 아멘.

일상을 예배로 드리는 기도

경배받기에 합당하신 하나님,
온 세상을 주관하시는 당신을 찬양합니다.
하나님, 당신을 높이고 당신의 이름을 부르며 당신을 노래하는 일이
주일 예배당 안에서만 이뤄지는 것이 아니라
우리의 일상이라는 시간과 공간 속에서도 이뤄지기를 소망합니다.
하나님, 우리의 일터에서, 가정과 여러 삶터에서 당신을 만나고
당신이 우리를 그러한 삶의 터전으로 보내신 뜻을
성찰하면서 살 수 있도록 우리를 이끌어 주소서.
그리고 하나님, 우리의 일상적인 예배가
그저 우리 삶의 장소에서 또 다른 종교적 행위를 채워 넣는 일이 아니라,
일하고 사람들과 관계하며 아이를 돌보고 세상의 문제를 다루는 그 자체로
당신께 온전히 드려지는 예배가 될 수 있게 하여 주소서.
하나님, 특별히 우리의 예배가 당신께서 원하시는
참 예배가 될 수 있게 하여 주소서.
가난과 질병으로 고통 받는 이들을 돌보고,
억울하게 억압받는 이들을 위해 정의를 구하며,
불의와 악이 득세하는 일에 대해
당신의 공의를 구하는 예배를 드릴 수 있도록
우리 자신과 교회를 온전케 하여 주소서.
주 예수 그리스도의 이름으로 기도드립니다. 아멘.

일상에서 삼위 하나님을 닮아 가며 행하기를 구하는 기도

온 세상 사람들을 위해 자신을 주시고
온갖 짐을 가진 이들을 환대하여 주신 사랑과 은혜의 주님,
높은 산과 너른 바다 같은 아버지의 마음을,
세상이 줄 수 없는 참 평안과 위로를 더하시는 주 성령님의 충만하심을
매일의 일상에서 알아 가고 닮아 갈 수 있게 하여 주소서.
그래서 삼위 하나님의 형상으로 지음 받은
우리 자신의 존귀함을 매일 깨닫고,
마침내 그리스도의 장성한 분량까지 자랄 수 있도록 이끌어 주소서.
일할 때, 사람들을 만나고 대할 때, 아이들을 양육할 때,
이 세상 속에서 정의를 위해 분투하고 불의에 맞설 때,
작은 일부터 큰일까지
삼위 하나님, 당신을 따라 행하며 자랄 수 있게 하여 주소서.
주 예수 그리스도의 이름으로 기도드립니다. 아멘.

◐
일상에서 십자가의 예수 그리스도를 따르기 위한 기도

우리를 위하여 십자가를 지신 주님,
우리를 위하여 십자가상에서 극심한 고통을 받으시고
조롱과 멸시를 견디시며
아버지 하나님께 버림 받는 극한의 아픔으로 절규하신 주님,
당신의 무한하신 사랑에 감사드립니다.
그 사랑으로 우리에게 은혜의 새 나라를 열어 주시고
새 나라에서 누리는 매일의 일상을 선물로 주셨으니
새 나라의 백성답게 살 수 있도록 이끌어 주소서.
이제 우리 자신을 위하여 살아가는 삶이 아니라
당신과 이웃을 위해 우리 자신을 내어 주는 일상이 될 수 있도록
이끌어 주소서.

십자가로 치장하고 십자가로 종교적 교양을 쌓으며
문화생활을 누리고 인맥을 넓히며,
심지어 십자가로 높아지고 권력을 취하며
십자가로 부를 축적하려는 우리의 모습들을 회개합니다.
오직 십자가를 지신 당신의 참뜻을 따라
우리도 십자가를 지고 당신을 따를 수 있도록 우리를 이끌어 주소서.
당신께 영광만 구하는 삶이 아니라
당신의 고난에 참여하는 우리와 교회가 되도록 붙들어 주소서.

넘쳐 나는 교회의 십자가가 공해로 여겨지는 시대에
일상에서 예수님 당신의 십자가,
그 고난과 참 사랑의 십자가를 지며,
당신을 위해, 이웃을 위해 매일 죽기로 결단하는
살아 있는 십자가 백성들로 우리를 변화시켜 주소서.
주 예수 그리스도의 이름으로 기도드립니다. 아멘.

삶의 이야기들이 기도가 되기를 소망하면서 드리는 기도

우리 삶의 주인이신 하나님,
오늘도 당신의 이야기 속에
우리의 삶이 자리하고 있음을 고백합니다.
하나님,
살면서 경험하는 기쁨과 슬픔,
웃음과 눈물, 설렘과 고단함,
그 모든 이야기가 일상의 순간들 속에서 기도가 되도록
우리 마음을 이끌어 주소서.
그래서 우리의 삶이 당신과 늘 동행하는 충만한 삶이 되고,
우리의 삶이 당신의 이야기 속에서 아름답게 수놓아지는
감격으로 넘쳐 나게 하여 주소서.
주 예수 그리스도의 이름으로 기도드립니다. 아멘.

◐ 하나님의 선물인 일상을 살아가며 드리는 기도

은혜와 자비의 하나님,
우리에게 허락하신 일상이라는 선물에 감사드립니다.
당신이 베풀어 주신 온 세상과 당신이 허락하신 삶의 기쁨들,
무엇보다 어린양 예수님을 보내 주셔서 우리를 구속하여 주신
참 생명으로 인해 감사드립니다.
그리고 마음을 다하여 고백합니다.
우리에게 주신 삶, 우리에게 주신 모든 일상은 당신이 주신 선물입니다.
당신의 은혜로 넘치도록 충만한 기쁨입니다.

하나님 아버지, 선물로 받은 일상을
감사함으로 살아갈 수 있도록 이끌어 주소서.
매일 반복되는 일상, 때로는 비루해 보이기까지 하는 삶의 정황 속에서도
삶의 고귀함과 일상에 깃든 당신의 은혜를 늘 기억할 수 있도록
우리의 심중에서 매 순간 말씀하여 주시옵소서.
다만 하나님, 일상을 정면으로 마주하지 않고,
일상 속에서 고통스러운 시간을 보내고 있는 이웃들을 외면하며,
죄와 불의에 저항하지 않으면서
그저 값싼 은혜로 일상을 포장하지 않기를 원합니다.
생명을 주시기까지 치열한 은혜,
자신을 드리며 보냄 받은 사명을 살아 내심으로 선사해 주신

예수 그리스도의 은혜를 따라 살 수 있도록 이끌어 주시옵소서.
선물을 누리는 것에 머물지 않고,
선물로 살아갈 수 있도록 이끌어 주소서.
선물로 받은 일상을 선물로 살아갈 수 있도록 이끌어 주소서.
보냄 받은 삶 속에서 충만한 은혜, 즐거운 사명으로 살아갈 수 있도록
우리의 손을 잡아 주소서.

하나님 아버지, 오늘도 일상을 허락해 주셔서 감사합니다.
우리의 가정과 일터와 모든 삶터에서 오직 은혜로,
오직 당신의 선물로 살아가겠습니다.
온 세상 가운데 오시고 다시 오실 최고의 선물,
예수 그리스도의 이름으로 기도드립니다. 아멘.

행함이 있는 살아 있는 믿음으로 살기 위한 기도

그리스도 예수 안에서 선한 일을 행하도록 우리를 불러 주신 하나님,
우리가 예수님의 삶과 십자가 사역과
부활의 능력을 따라 행하기를 원합니다.
행함이 없는 죽은 믿음이 아니라
성령님이 이끄시는 바에 따라
행동하는 믿음으로 살기 원합니다.
믿음으로 서로 극진히 사랑하고,
믿음으로 이웃들의 필요를 돌보며,
믿음으로 세상의 불의에 저항하고,
믿음으로 사람들과 세상을 살리는 일에 두려움 없이 헌신함으로
당신께 영광 돌리는 삶이게 하여 주소서.
주 예수 그리스도의 이름으로 기도드립니다. 아멘.

일상을
기도로,
기도를
일상으로

봄

생명이 움트고
꽃피는 계절

봄꽃을 보면서 드리는 기도
하나님의 창조를 생각하며 드리는 기도
색을 창조하신 하나님을 묵상하며 드리는 기도
새 학기를 맞이하며 드리는 기도
캠퍼스에서 드리는 기도
배움을 생각하며 드리는 기도
새로운 눈을 위한 기도
새로운 지성을 위한 기도
결혼식을 준비하는 이들을 위한 기도
집들이와 가정 모임을 생각하며 드리는 기도
결혼반지를 보면서 드리는 기도
결혼생활을 위한 기도
출생을 생각하며 드리는 기도
탄생에 감사하며 드리는 기도
생일에 드리는 기도
가라앉았던 진실이 드러나고 평화의 새 역사가 쓰이길 구하는 기도
가라앉았던 진실을 드러내고 잃어버린 생명을 되찾기를 열망하는 기도
식사를 하면서 드리는 기도_고난주간 성만찬을 생각하면서
흩날리는 벚꽃을 보면서 드리는 기도
평화의 새 역사를 구하는 기도
어린이날에 드리는 기도
부모님을 위해 자녀가 드리는 기도
스승의 날에 드리는 기도
세상 속에서 일하시는 하나님을 믿는 삶을 위한 기도
정치와 정치 지도자들을 위한 기도
정치를 생각하며 드리는 기도
정부를 위한 기도
일상에서 사람을 품을 수 있기 위하여 드리는 기도
흩어져 꽃피우는 삶을 위한 기도

◐ 봄꽃을 보면서 드리는 기도

만물의 창조주이시며 영원히 신실하신 하나님,
계절을 주관하시고 때에 따라 대지와 자연을 새롭게 하시는
당신의 손길을 노래합니다.

겨우내 얼었던 땅이 녹아 부드러워지고
산천에 따스한 바람이 부는 봄을 허락해 주신 하나님,
올해도 어김없이 찾아온 봄이라는 선물 안에서
우리 몸은 새 숨을 쉬고 우리 마음은 새 희망으로 들뜹니다.
아름다우신 주님, 죽은 것처럼 보였던 마른 가지에
당신의 창조 섭리로 초록빛 새순이 돋아납니다.
딱딱하고 앙상하던 가지에 눈부신 꽃망울들이 맺힙니다.
기나긴 죽음을 이기고 마침내 부활의 아침이 밝았습니다.
하나님, 당신은 참으로 생명의 주이시며 신실하신 분이십니다.

하나님, 봄꽃을 보면서 일상 가운데 잊고 있던
살아 계신 당신의 손길을 새삼 느낍니다.
사계절 변화 없는 죽은 아스팔트와 콘크리트 속에서
잊어버린 생명의 역동을 만나며
일상 가운데 계신 당신의 얼굴을 만납니다.
일싱에시, 평생에 걸쳐 우리를 따르는

당신의 인자하심과 그 선하심을 향하여 비로소 눈을 뜹니다.

하나님, 눈을 들어 주위를 둘러보면

끊임없이 생명을 베푸시고 자라게 하시는

당신의 신실하신 손길이 보입니다.

매일 아침 이만큼 자라 있는 아이의 모습에서 당신의 손길을 봅니다.

이름 없는 풀꽃을 먹이고 입히시는 당신의 자비로운 손길을 봅니다.

도시의 회색빛 하늘이라도 재잘거리며 날아다니는 새들을 보며

당신의 손길을 봅니다.

매일 만나는 사람들의 얼굴에서

당신이 베푸신 생명의 이야기들을 만납니다.

하나님, 우리 눈을 열어 주소서.

살아 계신 당신의 손길을 일상에서 볼 수 있는 눈을 열어 주소서.

창조 세계 저 멀리에서 잠자고 있는 신이 아니라

일상 속에서 우리에게 생명을 베푸시고 돌보시는

참 하나님 당신과의 교제 안에서 춤추며 노래하게 하여 주소서.

당신의 신실하심과 은혜로운 일하심을

매일매일 더 알아 가고 감사할 수 있도록

우리 마음을 새롭게 하여 주소서.

가난한 자에게나 부한 자에게나, 어른에게나 아이에게나

동일하게 주시는 봄이라는 선물 안에서 새 소망을 품어 봅니다.

고난과 죽음의 이야기는 결국 부활과 새 생명으로 수렴된다는 것을

아들 예수 그리스도를 통하여 알게 하시니 감사합니다.

겨울이 지나면 봄이 온다는 이야기 안에서
고난과 십자가와 부활을 묵상하는 봄날이길 원합니다.
죽음 같은 절망 속에 있어도
부활의 생명을 소유하고 사는 영광을 누릴 수 있게 하여 주시고,
당신과 함께 가는 이 여정이
거짓 희망이 아니라 참 소망인 것을 매일 알아 가게 하여 주소서.
여전히 어둡고 추운 기운이 남아 있지만
움트는 봄꽃으로 인하여 이미 와 있는 봄을 선언하며
마침내 완전히 이루어질 꽃들의 향연을 기다리며
오늘도 살아갈 수 있도록 이끌어 주소서.

어두운 세상에 빛으로 오시고 겨울 같은 세상에 봄꽃으로 오신
예수 그리스도의 이름으로 기도드립니다. 아멘.

◐ 하나님의 창조를 생각하며 드리는 기도

온 세상을 만드시고 만물을 주관하시는 창조주 하나님,
당신이 베푸신 모든 피조물로 인하여 당신을 찬양합니다.
하늘과 땅, 해와 달과 별, 식물과 동물,
그리고 우리 인간에 이르기까지
당신의 정교하고도 놀라운 솜씨는 헤아릴 수가 없습니다.
하나님, 매일 매 순간을 당신의 창조 세계에서 호흡하면서
그 안에 깃든 당신의 행하심을 노래하는
순전한 마음을 허락하여 주시옵소서.

하나님, 특별히 당신의 형상을 따라 사람을 지으시고
당신과 함께 창조 사역에 동참할 수 있도록
우리를 존귀하게 여겨 주시니 감사합니다.
하나님의 형상인 사람이기에
그 자체로 존엄성을 지니는 존재가 되었다는 사실을 마음 깊이 새기고,
우리 자신과 이웃들을 존중하고 진정으로 돌보며 사랑하기를 원합니다.
하나님, 당신과 함께 창조 사역을 이어 갈 때
맡겨 주신 창조 세계를 오히려 파괴하거나 오만하게 지배하려 들기보다
창조주의 뜻을 받들어 온전히 행할 수 있는
지혜와 겸손을 허락하여 주소서.

하나님, 오늘도 당신의 창조 세계를 살아갑니다.
"보시기에 심히 좋았더라"(창세기 1장 31절) 하신 그 세계가
죄로 물들고 우리의 탐욕으로 무너져 있으며
당신의 형상인 인간이 여러모로 병들어 있음을 봅니다.
그럼에도 하나님 당신이 이미 일하시고 마침내 완전히 회복하실
새 창조의 세계를 바라보고 살아가며 소망합니다.
그 회복의 역사에, 구원의 이야기에,
하나님 나라의 장대한 파노라마에, 영원한 생명의 서사시에
우리 이야기가 어우러지고 녹아들어 있음을 고백합니다.

오늘도 창조 세계 가운데에서 우리를 부르시고 또한 보내시는
당신의 사명을 붙들고 그 영광스러운 삶을 누립니다.
감사드리며 주 예수 그리스도의 이름으로 기도드립니다. 아멘.

◐
색을 창조하신 하나님을 묵상하며 드리는 기도

빛이신 주님,
빛으로 세상을 여시고 온 세상에 빛을 비추사
수만 가지 색을 만들어 주신 당신의 솜씨에 찬양을 드립니다.

주님, 우리가 살아가는 일상은
아침에 입고 나가는 옷의 색깔부터
변화무쌍한 하늘의 색에 이르기까지
그야말로 수많은 색으로 둘러싸여 있습니다.
우리가 눈 뜨고 살아가는 모든 순간은
우리 눈으로 이 색깔들을 수용하고 인식하고 살아가는 시간들임을
문득 깨닫게 됩니다.

창조주 하나님,
우리에게 이 모든 색을 베푸신 분은 당신이시고,
그 수많은 색의 종류를 우리는 감히 헤아리지 못함을 고백합니다.
시원스럽고도 눈부시게 아름다운 나무들의 색깔도
나뭇잎 하나하나에 이르기까지 같은 것이 없고,
햇살에 빛나는 바다도, 눈을 들어 바라보는 하늘빛도
이편과 저편이 다르고 물결마다 구름결마다 다채롭습니다.
이토록 헤아릴 수 없는 아름다움과

다다를 수 없는 놀라운 창조의 손길들을 매일 매 순간 만나면서도
창조주를 보지 못하고 노래하지 못한 것은
일상의 분주함에 갇혀 미처 눈을 뜨지 못한 둔감함이었습니다.

성령님, 우리 눈을 열어 창조주 하나님을 볼 수 있도록 이끌어 주소서.
우리 입술에 찬양을 더하여 주소서.
일상의 다채로운 색깔을 보면서
그 안에 깃든 삼위 하나님의 신비를 만날 수 있게 하여 주소서.
비 개인 아침에 사물을 새롭게 보는 눈이 열리듯
그렇게 맑고 밝은 눈을 허락해 주소서.

창조주 하나님,
우리로 하여금 당신의 놀라운 창조 세계를 누리며 찬송할 뿐만 아니라
우리를 창조의 동역자로 불러 주시고
당신이 주시는 창조의 마음으로 창조 사역을 이어 가게 하시니
감사합니다.
비록 당신이 펼쳐 놓으신 색의 향연에 비하면
흉내 내는 것조차 부끄럽지만
우리의 일상에서 색을 다루고 색을 통하여 일할 수 있다는 이 사실이
문득 감격스럽습니다.
옷을 만들고, 집을 짓고, 자동차를 만들고, 책을 만드는 일,
휴대폰을 사용하고, 옷을 입고, 기획안을 만들고, PT 자료를 만들고,
상추를 수확하는 이 모든 일을 할 때,
당신이 베푸신 색을 누림에 감사하고,

당신과 함께 색을 만지며 아름다움을 만들어 가는 사명을
마음에 새기기를 원합니다.

창조의 하나님,
오늘도 일상에서 다양한 색깔로 기도하려 합니다.
헤아릴 수 없는 다채로운 색깔처럼 무궁한 당신의 신비를
즐거운 마음으로 알아 가려 합니다.
우리를 매 순간 이끌어 주소서.
아름다우신 이름, 주 예수 그리스도의 이름으로 기도드립니다. 아멘.

새 학기를 맞이하며 드리는 기도

하나님,
새봄에 새 학기를 맞이하며 기도드립니다.
이 땅의 학교들이 더불어 배우고 자라는 터전이 되게 하여 주소서.
학생들이 하나님과 창조 세계를 알아 가고 이웃들을 사랑하며
세상을 섬기는 공부에 헌신하도록 이끌어 주소서.
선생님들은 '진리의 공동체가 실천되는 공간을 창조하는'
참된 스승이 되게 하여 주소서.
학부모들과 교육 당국이 경쟁과 갈등 구조를 깨뜨리고
폭력과 부정을 근절하며
온전한 교육 환경을 만드는 일에 지혜를 모으도록 이끌어 주소서.
그래서 배움과 자람으로 충만한 새 학기가 되게 하여 주소서.
주 예수 그리스도의 이름으로 기도드립니다. 아멘.

캠퍼스에서 드리는 기도

우리의 인생 가운데 함께하여 주시는 하나님,
인생의 사계절 중에 푸르른 계절을 허락해 주셔서 감사합니다.
또한 하나님, 이 푸르른 젊음의 때에 캠퍼스로 보내 주셔서 감사합니다.
젊은이들이 캠퍼스를 누리고
캠퍼스로 보내 주신 당신의 뜻 안에서 온전히 성장하며
세상과 이웃을 사랑하는 이들로 자라 갈 수 있도록 이끌어 주소서.

하나님, 비록 왜곡되고 어그러진 모습의 캠퍼스이지만
여전히 젊음들이 숨 쉬는 이곳에서 희망을 그려 봅니다.
취업난과 극심한 사회적 불평등과 경쟁 구조 속에서
많은 짐이 지워져 있는 캠퍼스의 학생들을 보면서
안타까운 마음이 듭니다.
하지만 하나님, 그런 가운데에도
푸르른 젊음의 숨소리는 여전히 활기차고
그 웃음들은 여전히 어둠을 깨치고 나오는 것을 봅니다.
어려움 속에서도 여전히 꿈을 꾸고 도전하며
이웃들을 돌아보고 연대하는 젊음들도 보게 됩니다.
당신의 나라를 살아가며
캠퍼스를 그 나라의 숨결로 채워 가는 이들의 기도 소리가 있어서
감사합니다.

작은 공간들마다 사랑으로 채워 가는 만남들이 있어서 감사합니다.

하나님, 캠퍼스도 당신의 나라요, 당신의 세계입니다.
다시 푸르른 바람이 불고,
열린 공간 속에서 자유로운 숨소리가 넘쳐 날 수 있도록 이끌어 주소서.
거대한 모래 폭풍처럼 모든 것을 휩쓸어 갈 것 같은 오늘의 상황들 속에서
꽃다운 청춘들이 피어나고 그 노래들이 잦아들지 않도록 이끌어 주소서.
그래서 이곳에서 인생을 생각하고, 세계를 고민하며,
자신을 찾아 가고, 하나님 당신을 알아 가며,
복음으로 충만하고, 사랑으로 늘 발돋움하는 이들이
샘물처럼 흘러나올 수 있게 하여 주소서.
주 예수 그리스도의 이름으로 기도드립니다. 아멘.

배움을 생각하며 드리는 기도

우리를 당신의 형상으로 창조하시고,

창조 세계의 청지기로 세워 주신 하나님, 감사합니다.

우리의 평생은 하나님 당신을 알아 가고,

창조 세계를 배워 가는 배움의 과정인 것을 고백합니다.

우리에게 지혜를 주셔서 성경과 모든 창조 세계를 통하여

이 참된 지식을 소유하는 즐거움을 허락하여 주소서.

또한 배움을 통하여 우리 자신의 자아를 높이고 당신을 대적하며

세상과 이웃을 착취하는 무서운 죄에 빠지지 않도록 지켜 주시옵소서.

오직 참다운 배움을 통하여

당신이 주신 창조 세계를 깊이 누릴 뿐 아니라

이웃들을 돕고 섬기고 풍요롭게 하는 일에 헌신할 수 있도록

이끌어 주시옵소서.

배우고 아는 일과 실천하고 순종하는 일이 하나임을

늘 삶으로 나타낼 수 있도록 도와주시옵소서.

아는 것이 많아질수록

사랑하는 일도 커지고 풍성해지기를 소망합니다.

주 예수 그리스도의 이름으로 기도드립니다. 아멘.

새로운 눈을 위한 기도

빛이신 주님,

우리 눈을 밝혀 주셔서 창조 세계의 아름다움을 보고,

온 세상에 깃든 주님의 영광과 사랑을 볼 수 있도록 하여 주소서.

당신의 형상으로 만드신 사람들의 참 모습과

고귀한 존재를 알아 볼 수 있는 눈을 열어 주소서.

주님, 우리의 눈을 맑게 해주소서.

눈의 욕망과 욕심을 따라 살지 않게 해주소서.

불의한 이익과 유혹에 눈이 흐려지지 않도록 해주소서.

교만에 눈이 높아지지 않도록 우리를 붙들어 주소서.

세상의 모순과 부정에 눈감지 않고,

이웃들의 필요와 보냄 받은 현장의 필요에 눈을 크게 뜨고

손발로 행할 수 있도록 우리를 이끌어 주소서.

십자가의 피로 거듭나서 새로워진 눈으로

주님을 바라보며 살기 원합니다.

주 예수 그리스도의 이름으로 기도드립니다. 아멘.

◐
새로운 지성을 위한 기도

주님,
우리에게 허락하신 지성을 새롭게 하여 주셔서
당신과 당신의 계획을 알아 가고,
세계와 일상 속에 깃든 진리를 알아 가며,
우리의 지성을 다하여 당신을 사랑할 수 있도록 이끌어 주소서.
아는 대로 살아가며
보냄 받은 일상 속에서 주님을 사랑하고 이웃을 사랑하는
살아 있는 지성으로 행할 수 있도록
우리를 일으켜 세워 주소서.
공부와 배움과 믿음과 삶이 주님 안에서 어우러지는 일상으로
당신께 영광 돌려 드리길 소망합니다.
주 예수 그리스도의 이름으로 기도드립니다. 아멘.

결혼식을 준비하는 이들을 위한 기도

우리를 사랑하셔서 돕는 배필과 가정을 주신 하나님,
결혼식을 앞두고 준비하는 커플들과 함께하여 주셔서
순간의 결혼식을 준비하는 일보다
결혼생활을 준비하는 지혜를 허락해 주시고,
어렵고 척박한 사회 속에서 가정을 이루어 가는 마음들을 위로해 주시며,
소비주의와 세상의 기준에 흔들리지 않고
오직 사랑과 진실함으로 서로를 존중하면서
하나님 나라의 가정을 잘 준비하게 이끌어 주소서.
주 예수 그리스도의 이름으로 기도드립니다. 아멘.

◐ 집들이와 가정 모임을 생각하며 드리는 기도

우리의 안식처요 영원한 집이 되시는 하나님,
오늘도 당신 안에서 쉼을 얻게 하여 주시니 감사합니다.
우리가 날마다 우리의 피난처 되시는 당신을 의지하고
감사하며 살아갈 수 있도록 이끌어 주소서.

하나님, 봄이 되니 여기저기에서 이사를 하고
집들이를 하는 모습이 많이 보입니다.
새집에 앉아 음식을 나누고 정을 나누며
새로운 환경에서 생활하게 될 가정을 축하해 주는 시간이
얼마나 즐거운지 모릅니다.
가정을 방문해서 삶을 나누고 이야기꽃을 피우는 일이
우리네 삶을 풍성하고 건강하게 하니 이 또한 감사한 일입니다.
하나님, 우리가 집들이와 가정 모임 가운데
참된 축복의 마음을 담아 행하고
마음을 열어 서로를 환대하는 즐거움을 누릴 수 있도록 이끌어 주소서.

하나님, 집들이를 하고 가정에서 모이면서 기도합니다.
초대하는 이는 집을 구하고 이사를 하며
살림을 구비하는 가운데 이끌어 주신 당신 앞에서
겸손하고 감사하는 마음으로 행하게 하여 주소서.

자칫 우리가 허영심에 빠져
집과 가산을 가지고 자랑하지 않게 하여 주소서.
마치 집이 우리 자신의 지위를 드러내 주는 것처럼
행하지 않게 하여 주소서.

초대받은 이들도 참된 축복의 마음으로 행하게 하여 주소서.
비교 의식과 시기가 우리 안에 자리 잡지 않도록 우리를 지켜 주소서.
오히려 이사를 하고 집을 구하는 과정 가운데 느꼈을
그 가정의 노고와 마음들을 헤아리고,
하나님 당신 안에 그 가정을 맡겨 드리는 기도의 마음을 허락해 주소서.

하나님, 성도가 서로의 집을 방문하고 축복하며
기도하고 환대하는 일을 통해 서로를 더욱 잘 알고
일상생활에서도 주님을 따르도록 서로 격려하기를 원합니다.
가장 일상적인 공간인 집에서 집의 가격이나 가산에 주목하기보다
그 집이 주님의 다스림으로 충만해지기를 기도하며 축복하길 원합니다.
집도, 살림살이도, 삶의 한 자락이라도 다 그리스도 주님의 것입니다.
주 예수 그리스도의 이름으로 기도드립니다. 아멘.

◐
결혼반지를 보면서 드리는 기도

우리의 신랑이 되어 주신 하나님,
당신과의 사귐 가운데, 변치 않고 끊을 수 없는 사랑 가운데
살게 하여 주시니 감사합니다.
우리는 신실하지 못하여 제 갈 길로 가려 하고
당신의 사랑을 자주 저버리지만,
신실하신 당신은 언제나 먼저 약속을 지키시고
사랑의 헌신으로 우리를 이끌어 주십니다.
그 약속을 지키시기 위해 우리에게 아들을 보내시고
십자가의 길로 보내셨으니 당신의 신실하심을 찬양합니다.

신실하신 하나님, 결혼반지를 보면서 기도합니다.
부부간의 신실한 사랑의 약속을 이 반지에 새겨
잊지 않으려 한 것을 기억합니다.
참 신랑 되신 당신은 언제나 신실하셔서
이러한 기억 매체가 필요치 않지만
우리는 늘 기억하고 다시 새기지 않으면
약속에 신실한 삶을 살지 못합니다.

주님, 우리가 십자가를 바라보면서
당신과의 관계를 새겨 보는 것처럼

결혼반지를 보면서

부부간에 맺은 신성한 약속을 새기는 삶이길 원합니다.

부부 관계를 신성한 약속의 관계로 보지 않는 이 시대에

신실한 부부 관계로 온전히 살아 낼 수 있도록 이끌어 주소서.

신실하신 하나님,

이 땅에서 부부의 연합을 허락하여 주시니 감사합니다.

우리가 당신 안에서 부부의 연합을 통해 참 기쁨을 누리고

하나님 나라를 일구어 가도록 부르셨으니

이 소명의 자리에서 잘 누리며 온전히 행하길 원합니다.

결혼반지에 새겨진 약속을 기억하고

그에 따라 책임 있게 사랑하는 부부이길 원합니다.

감정에 따라 흔들리고, 상황에 따라 달라지는 사랑이 아니라

'기쁠 때나 슬플 때나, 건강할 때나 아플 때나' 사랑하고 섬기며

서로를 위해 자신을 내어 줄 수 있는 신실함이

매일매일 자라 가기를 원합니다.

신실하신 하나님,

반지를 보면서 약속 안에 사는 삶을 묵상합니다.

참 신랑 되신 당신을 사랑하고,

우리에게 허락하신 가정 안에서 약속을 따라 살 때

우리는 비로소 자유롭게 된다는 것을 고백합니다.

우리의 일상이 이런 자유로 충만할 수 있게 하여 주소서.

주 예수 그리스도의 이름으로 기도드립니다. 아멘

◐
결혼생활을 위한 기도

완전한 사랑이신 삼위 하나님,
사랑을 알게 하여 주시고
사랑 안에서 서로 다른 인격이 한 몸이 되는
결혼 관계를 허락해 주셔서 감사합니다.

사랑과 온전한 관계를 갈망하면서도
늘 자기중심성과 두려움으로 온전히 서로에게 자신을 내어 주지 못하는
깨어진 세상, 깨어진 관계의 현실 속에서
삼위 하나님의 온전한 교제와 사랑의 관계,
그리고 그리스도의 십자가 사랑은
우리에게 사랑에 대한 새 소망을 주십니다.
그리고 아직은 온전하지 못하지만
결혼 관계 안에서 그 사랑을 배워 가게 하시고
성장하게 하시는 그 놀라운 계획을 생각합니다.

삼위 하나님, 결혼생활을 하고 있는 성도들이
"하나님이 짝지어 주신" 이 신비롭고 특별한 관계를
하나님의 계획 가운데 있는 것으로 인정하고
이 언약의 관계를 늘 새롭게 지켜 갈 수 있도록 이끌어 주소서.
결혼도 상품을 고르듯 선택할 수 있다고 강변하고,

이기심과 자기주장을 굽히지 않은 채
결혼도 주고받는 계약처럼 여기는 세상 속에서
결혼을 신성한 언약으로 지키고 헌신하는 사랑으로 살 수 있도록
우리를 매일매일 회복하여 주시옵소서.
부부가 서로를 알아 가는 즐겁고도 치열한 과정 속에서,
함께 생애를 나누는 동행과, 함께 고난을 경험하는 여정 속에서
서로를 기뻐하고 성숙해 가도록 인도해 주소서.

삼위 하나님, 결혼 관계 속에서 만들어 가는 가정이
당신의 다스림과 돌보심이 있는 가정이 되게 하여 주시고,
이 세상 가운데에서 당신의 나라를 나타내는 공동체가 되게 하여 주소서.
그리고 결혼 관계 안에서 부부가
서로에게나 자녀에게나 가족들에게만 매몰되지 않고
늘 하나님 나라를 위하여 함께 동역하는 자로서
세상과 교회를 섬길 수 있도록 이끌어 주소서.

완전한 사랑이시며, 우리를 결혼 관계로 불러 주신 삼위 하나님,
우리가 부르심에 합당하게 살고 감사하며 결혼 생활을 하길 원합니다.
우리의 결혼생활을 통해서도 당신께 영광을 돌려 드립니다.
십자가로 모든 막힌 담을 허시고 사랑을 가르쳐 주신
주 예수 그리스도의 이름으로 기도드립니다. 아멘.

출생을 생각하며 드리는 기도

우리에게 생명을 주시고 우리를 모태에서부터 조성하여 주신
아바 아버지 감사합니다.
또한 그 무엇보다 귀한 생명을 선물로 주는 일에
아버지 하나님과 함께 동참하며 사역하는
부모 됨의 축복을 허락하여 주셔서 감사합니다.

우리 인간의 존엄성이 우리에게 생명을 주시고 우리를 빚어 주신
당신의 은혜에 있음을 고백하며
모태 중에 조성되어 있는 모든 생명과 모든 영아가
당신의 돌보심과 보호하심 가운데 있기를 기도드립니다.
또한 우리와 이 사회가
이 생명을 더욱 귀하게 여길 수 있도록 기도드립니다.

하나님 아버지, 우리가 출생의 시간을 기억하면서, 또한 접하면서
전적인 무력함 가운데 오직 은혜로 살아가야 하는
우리 자신의 존재를 겸손히 인정하게 하여 주시고,
당신의 은혜에 더욱 감사하는 마음을 주시옵소서.
부모 된 자들은 자녀가 하나님의 선물임을 기억하면서
자녀를 소유하려 하지 않고 오직 하나님께 드리는 사역에
힘쓸 수 있도록 인도해 주시옵소서.

한 생명 한 생명을 태어나게 하시고

당신의 뜻 안에서 이름을 부여해 주시며

당신의 나라를 위해 귀하게 사용하실 것을 믿고 소망합니다.

주 예수 그리스도의 이름으로 기도드립니다. 아멘.

◐
탄생에 감사하며 드리는 기도

온 세상을 위하여 아기로 탄생하신 주님,
우리도 이 세상에 태어나 당신이 주신 아름다운 것들을 누리고,
기쁜 소식을 나누며 섬기도록 보냄 받은 인생임을 감사하며,
무엇보다도 끊임없이 자신의 가치를 증명하라는 세상 속에서
당신의 사랑받는 존재로 태어나고 살아가게 하여 주시니 감사합니다.
주 예수 그리스도의 이름으로 기도드립니다. 아멘.

일상을
기도로,
기도를
일상으로

생일에 드리는 기도

우리를 불러 주시고

세상 가운데 보내 주시는 아버지 하나님,

당신의 계획 가운데 우리를 조성하여 주시고 생명을 주셨으니

그 은혜에 감사드립니다.

어머니 배 속에서 우리의 중심에 심어 주신

당신의 사랑과 뜻을 가슴에 품고

세상에 나와 첫 호흡을 한 그때부터

우리의 호흡이 다하는 그날까지

아버지의 뜻대로 살아 내는 생이 되게 하여 주소서.

매년 생일을 맞이할 때마다,

그리고 생일을 맞이하는 이들을 축하할 때마다,

지금까지 이끌어 주신 아버지 하나님의 사랑을 기억하며

감사하기를 원합니다.

그리고 보냄 받은 우리의 생을 생각하며

소명의 삶으로 나아가는 마음을 회복하기를 원합니다.

세상 그 무엇으로도 바꿀 수 없는 소중한 생명,

아버지 하나님께서 사랑하시기에 더없이 존귀한 우리의 삶을

마음껏 경축하기를 원합니다.

세상 그 어떤 조건으로도 변개할 수 없는

존재 그 자체로서의 소중함을 깊이 생각하는 생일이 되기를 원합니다.

아버지 하나님, 생명을 주시고 삶을 허락해 주시며
우리의 삶을 주관하여 주시는 당신께 우리 삶을 맡겨 드립니다.
주 예수 그리스도의 이름으로 기도드립니다. 아멘.

일상을
기도로,
기도를
일상으로

◐

가라앉았던 진실이 드러나고

평화의 새 역사가 쓰이길 구하는 기도

십자가를 지신 주님,

죽음을 이기고 부활하신 주님,

절망을 소망으로 바꾸시고,

모든 어둠의 세력을 물리쳐 주시며,

평화와 화해의 문을 열어 주신 그 사랑에 감사드립니다.

부활하신 주님,

어둠과 절망의 바다 속에 가라앉았던 진실을 드러내 주시고,

거짓과 폭력의 장벽 속에 감춰진 정의를 밝혀 주소서.

그래서 버려지고 잊힌 생명들을 온전히 위로해 주시고

정의를 세워 주시옵소서.

부활의 주님,

죽음과 같은 반목의 역사를 걷어 버리고

새로운 평화와 화해의 역사를 여실 분은 오직 당신이심을 고백합니다.

갈라진 땅, 전쟁의 위험이 상존하는 이 땅 가운데

평화의 노래가 충만하게 하여 주소서.

주 예수 그리스도의 이름으로 기도드립니다. 아멘.

◐

가라앉았던 진실을 드러내고
잃어버린 생명을 되찾기를 열망하는 기도

우리를 위해 십자가를 지신 주님,
인간의 절망과 어둠, 그리고 죽음을 온전히 끌어안으신 주님,
그렇게 이 땅에 오시고 절망의 심연까지 기꺼이 내려가신
당신의 사랑에 감사드립니다.
죽음을 이기고 부활하신 주님,
인간의 절망을 소망으로 바꾸시고
빛이 없는 심연의 어둠을 온전히 밝히신 주님,
그래서 새로운 현재와 미래를 열어 주신
당신의 영광을 찬양합니다.

주님, 당신의 십자가 고난과 부활의 능력을 의지하여 기도합니다.
어둠과 절망의 깊은 바다 속에서
언제까지나 수몰되어 있을 것만 같은 진실도,
거짓과 폭력과 기만의 장벽 속에서 외면되어 버리던 목소리들도,
버려지고 잊힌 생명들도 마침내 드러나고 되찾아지기를 기도합니다.
진실이 환하게 드러나고, 잃어버렸던 소중한 존재들을 되찾으며,
거대한 비극의 배후가 밝혀질 때
참으로 위로의 노래와 회복의 시간들이 찾아올 수 있음을 고백합니다.
주님, 이끌어 주시옵소서.

진실과 정의를 구하는 우리의 간절한 소망을,
먹먹한 가슴을 어루만져 주시는 진정한 위로를 원하는 우리의 갈망을,
다시는 사람이 버려지지 않는 세상을 꿈꾸는 우리의 기도를
주님께서 온전히 받아 주소서.
주 예수 그리스도의 이름으로 기도드립니다. 아멘.

◐
식사를 하면서 드리는 기도
_고난주간 성만찬을 생각하면서

인류를 위해 자신의 몸과 피를 주신 예수님,
당신이 자신을 주셔서 우리에게 베풀어 주신 생명에 감사드립니다.
성만찬 자리에서 생명의 식사를 베풀어 주신 예수님,
떡을 떼고 포도주를 나누시며
이를 기념하라고 하신 당신의 음성을 듣습니다.
그리고 주님, 십자가로 이어지는 이 귀한 식사가
오늘날 우리의 식사 자리에도 이어져서
당신의 십자가와 부활, 희생과 생명의 의미를
우리 몸에 채워 가고 우리의 혈관 속에 흐르게 하시니 감사합니다.

주님, 우리가 매일 마주하는 식탁에는
수많은 생명의 희생이 담겨 있음을 기억합니다.
그 희생으로 인해 우리가 생명을 얻음을 고백합니다.
그리고 주님, 자신의 몸을 찢어 우리를 살리신
당신의 희생을 생각합니다.
주님, 우리가 매일의 식탁을 접할 때마다
생명을 나누어 준 희생을 생각하며 감사할 수 있기를 원합니다.

주님, 그리고 기도합니다.
아버지 하나님께서 아들을 들어 세상을 먹이시고 생명을 주셨듯이,

예수님께서 떡을 떼어 축사하시고 나누어 주셨듯이
우리도 당신 손에서 들려져 축복을 받고
세상을 먹이기 위해 보내지기를 원합니다.
비록 우리는 작고 보잘것없어 보이지만
당신의 손을 통해 세상을 먹일 수 있는 양식이 될 수 있음을 믿습니다.
우리를 사용하여 주시옵소서.

주님, 매일의 식사가 성찬이 되게 하시고
당신과 함께 십자가와 부활에 참여하는 자리가 되게 하여 주소서.
주 예수 그리스도의 이름으로 기도드립니다. 아멘.

흩날리는 벚꽃을 보면서 드리는 기도

창조주 하나님,
당신의 이름이 얼마나 아름다운지요!
당신이 베푸신 모든 아름다운 만물이
우리 마음에 찬송의 꽃을 피우니 감사드립니다.
빛나는 봄을 주시고 감히 인간의 언어로 묘사할 수 없는
다채로운 봄꽃을 허락하여 주시니 감사드립니다.
무뎌지고 굳어진 마음을 부드럽게 하여 주시고
새로운 기쁨과 상상력으로 우리 눈을 열어 주시니 감사드립니다.
그래서 봄 같은 생명력으로
다시 오늘을 살 수 있게 하여 주시니 감사드립니다.

특별히 벚꽃을 통해 봄을 만끽할 수 있게 하여 주시니 감사드립니다.
벚꽃의 향연을 통해 우리 삶에 축제를 베풀어 주시고
사랑과 즐거움을 누릴 수 있게 하여 주시니 감사드립니다.
한데 어우러져 활짝 꽃피울수록 더욱 아름다운 벚꽃처럼
우리도 함께 어우러져 축제를 베풀고 누리는 삶이길 원합니다.
달콤한 향기로 뭇 꿀벌들을 초대하고 생명을 먹이고 나누는 벚꽃처럼
우리도 그렇게 향기로운 삶, 생명을 나누는 삶이길 원합니다.

창조주 하나님, 흩날리는 벚꽃을 보면서 기도합니다.

바람에 날리는 벚꽃의 화려한 낙화처럼
그렇게 짧은 시간 빛나는 모습이라도,
결국 땅에 떨어져 생명을 다하는 것이 정해진 일이라도
오늘의 아름다움으로 온전히 노래하는 생이길 원합니다.
내일의 죽음에 연연하지 않고, 스러지고 썩어질 미래에 슬퍼하지 않으며,
다만 오늘을 살 수 있는 지혜를 허락해 주소서.
오늘의 충만한 기쁨을 누릴 수 있는 마음을 일구어 주소서.
그리고 주님, 흩날리는 벚꽃 잎이 누군가의 사랑과 추억을 되살려 주듯이
우리 생의 마침도 그런 모습이길 원합니다.

창조주 하나님, 꽃이 지고 다 떨어진 자리에 푸른 잎이 돋아나
새로운 생명으로 자라나는 이 신비를 묵상합니다.
하나의 마침이 또 다른 시작이 되는 놀라운 신비를 묵상하면서
우리의 삶과 죽음도 당신 안에서는 새로운 시작일 수 있음에 감사합니다.
나무에 달린 이의 죽음이 온 인류의 새 출발이 되고,
죽음의 깊은 자리에서 영광스러운 새 생명이 나타나
온전히 새 세상을 열어 주신 놀라운 당신의 이야기를 떠올립니다.
그리고 기도합니다.
우리도 이 놀라운 이야기를 따라 살 수 있도록 이끌어 주소서.

창조주 하나님, 십자가와 부활의 주님, 흩날리는 벚꽃을 보며 기도합니다.
대지에 떨어지는 벚꽃 잎들을 온전히 받아 주시는
당신의 은혜와 사랑에 우리의 생을 온전히 맡겨 드립니다.
주 예수 그리스도의 이름으로 기도드립니다. 아멘.

평화의 새 역사를 구하는 기도

온 세상의 주인이신 하나님,
역사를 주관하시는 하나님,
분단의 상처와 전쟁의 위험이 상존하는 한반도에
푸르른 계절을 선물로 주시니 감사드립니다.
막힌 담을 허물어 주시는 십자가의 은혜와 부활의 새 소망으로
오랜 반목과 갈등을 화해와 화합으로 바꾸어 주시고,
서로를 향한 무기들을 거두어
더불어 살아갈 이 땅을 일구는 도구로 바꾸어 주소서.
끊어진 길들을 다시 이어 주시고, 평화의 새 길을 열어 주소서.
하나님, 여러 이해관계가 얽혀 있는 주변국들이
평화와 공존의 새 시대를 여는 일에
지혜를 모으고 합의를 볼 수 있도록 이끌어 주소서.
그래서 하나님,
당신이 주시는 평화의 새 역사를
하나 된 겨레가 누리고, 온 세계가 누리는
새날을 보게 하여 주소서.
주 예수 그리스도의 이름으로 기도드립니다. 아멘.

어린이날에 드리는 기도

아이들을 특별히 사랑하여 주신 주님,
어린아이와 같은 마음을 품으라고 하신 주님,
당신의 마음으로 어린이날을 맞이합니다.
작고 미숙해 보이지만 주님 당신이 존귀하다 하신 아이들이오니
세상 그 무엇보다도 귀하게 대하고 인격체로 존중할 수 있도록
어른들을 변화시켜 주소서.

주님, 전쟁과 기근과 폭력 속에서,
강제 노동과 인신매매와 전염병 속에서
고통 받는 전 세계의 아이들을 특별히 지켜 주소서.
제대로 먹지 못하고 교육받지 못하는 아이들을 돌보아 주소서.
그리고 이 아이들의 복지를 위해
온 마음과 온 정성을 모으는 사역들을 풍성하게 이끌어 주소서.

아이들이 아이들답게 자라기 어려운 이 나라의 현실을 봅니다.
아이들답게 마음껏 뛰어놀고 자유롭게 자라기보다는
어른들의 기대와 탐욕, 불안스러운 가정 형편 속에서
그늘져 가는 아이들의 모습을 봅니다.
사고와 폭력의 위험 속에 노출되어 있고
무책임한 어른들의 행태 속에서

기본적인 안전조차 보장받지 못하는 아이가 많습니다.
사회적 차별이 그대로 아이들에게 대물림되고
아이들이 그런 불의한 구조 속에서
서로에게 상처를 주는 모습도 많습니다.
주님, 이 땅의 아이들을 불쌍히 여겨 주소서.
당신의 품으로 아이들을 안아 주소서.
이 땅의 어른들이 정신을 차리고 아이들을 제대로 돌보고
교회 공동체가 소외된 아이들을 보듬는 당신의 손길이 되도록
이끌어 주소서.

주님, 어린이들이 해맑은 웃음으로, 밝은 노래로,
건강한 몸과 마음으로 자랄 수 있도록 지켜 주소서.
아이들과 같이 하나님 나라를 받드는 모습이
이 땅 가운데 온전히 나타나게 하여 주소서.
주 예수 그리스도의 이름으로 기도드립니다. 아멘.

부모님을 위해 자녀가 드리는 기도

사랑의 하나님 아버지,
우리에게 생명을 주시고 지금까지 돌보아 주셔서 감사합니다.
우리의 모든 것을 아시고 한없이 품어 주신 그 사랑으로 인해
우리가 참 생명 안에서 자랄 수 있었음을 고백합니다.

또한 우리의 부모님을 생각하며 감사드립니다.
당신의 위탁을 받아 우리를 낳아 길러 주시고
우리를 위해 기꺼이 삶을 내어 주신 부모님의 사랑에 감사합니다.
생명을 잉태하는 오랜 시간 동안 온몸으로 인내를 실천하신
부모님의 헌신을 생각합니다.
무력하고 연약한 핏덩이를 먹이고 입히기 위해
늘 노심초사하신 부모님의 심정을 헤아려 봅니다.
자식의 몸과 마음이 자라
어엿한 사회인으로 자리를 잡아 가는 동안에도
시시때때로 애쓰고 희생하셨습니다.
이런 부모님의 삶을 생각하면 눈물이 납니다.

주님,
우리 부모님이 남몰래 흘리셨을 눈물을 닦아 주시고 기억해 주옵소서.
그분들의 삶에 복을 수시고 당신 안에서 참 평안을 누리게 하여 주소서.

당신의 품에서 영원하고도 진정한 안식을 누릴 때까지

이 땅에서 건강하고 기쁨이 충만하게 하소서.

이 땅의 현실이 비록 팍팍하고 고달프더라도

당신을 알아 가는 기쁨이 날로 새로워지게 하소서.

또한 노년에도 당신이 부어 주시는 사명을 발견하여

역동적으로 사실 수 있도록 이끌어 주소서.

우리 부모님의 인생마다 고유한 아름다움으로 빛이 나게 하소서.

주님,

우리가 생명의 근원이신 당신을 공경하는 것처럼

부모님도 공경하고 사랑하며 섬기게 도와주소서.

성경에서 명하시고 약속하신 바와 같이

부모님을 공경하는 일이 축복의 길임을 잊지 않게 하소서.

우리가 어릴 적에는 부모님이

그저 부모라는 이름으로만 존재하는 줄 알았습니다.

하지만 장성하여 부모가 되고 보니 부모님도 자기 이름이 있는,

독특하고도 특별한 삶을 가진 존재였음을 깨닫게 되었습니다.

부모님 앞에서 끝없이 자기주장만 하고 요구하면서

원망하고 실망하곤 했던 지난 세월이지만

이제야 부모님의 꿈과 좌절, 희망과 회한을 이해하게 됩니다.

주님, 당신 앞에 부모님의 삶을 올려 드립니다.

진실한 마음으로 부모님을 품고 당신 앞에 나갑니다.

주님, 우리를 받아 주소서.

주님,
돌아보면 부모님과 우리는 인생의 굽이굽이마다
함께 만나고 시간을 보내고 이별하는 경험을 공유해 왔습니다.
깊은 유대와 분리, 애정과 애증, 이해와 오해,
독립과 의존, 감사와 원망, 공감과 연민……
이 사이를 오가며 부모님과 함께했습니다.
이 모든 것이 우리 삶에 한 땀 한 땀 수놓아져
우리 자신의 일부가 되었을 뿐 아니라 부모님의 삶을 이루었습니다.
그리고 이 모든 것 속에서 우리 모두의 부모가 되어 주신
당신의 손길을 봅니다.

주님, 기도합니다.
뜨거웠던 여름이 지나면 선선한 바람이 반가운 가을이 온다는 것을,
젊음이 지나가면 누구나 반드시 늙는다는 단순하고도 분명한 순리를
잊지 않는 지혜를 주소서.
자녀는 노쇠해지시는 부모님을 이해하며 섬기고,
부모는 사랑 안에서 자녀에게 신앙의 얼을 전하게 하소서.
세대를 이어서 살아 계신 하나님 나라의 이야기를 전수하는
아름다운 관계가 되도록 우리를 이끌어 주소서.
그래서 마지막 날에 주님이 다스리시는 그 나라에서
즐거이 동거하는 우리가 되게 하여 주옵소서.
주 예수 그리스도의 이름으로 기도드립니다. 아멘.

◐ 스승의 날에 드리는 기도

우리의 진정한 스승이 되시는 주님,
우리를 주님의 교훈과 가르침으로 매일매일 새롭게 하여 주소서.
당신의 지혜로 우리를 깨우쳐 주시고
우리 눈을 열어 창조의 신비와 하나님 나라의 비밀을 알게 하여 주소서.

우리에게 보내 주신 선생님들과 스승님들로 인하여 감사합니다.
당신이 인류를 창조하신 때부터 지식과 지혜는
가르침과 본을 통해 전수되고 전달되어 왔습니다.
이 아름다운 가르침과 배움의 관계 속에서
지식을 나누고 삶을 나누어 준 수많은 선생님과 스승님의 나눔 때문에
오늘의 우리가 있음을 고백합니다.
모든 스승의 본이 되시고 모든 선생님들을 보내 주신 주님,
이분들의 삶에 복 주시고
이분들이 가르치고 행한 일에 합당한 열매로 충만히 채워 주소서.

스승의 권위가 땅에 떨어지고
학생들과 학부모에게 마땅한 존경을 받지 못하는
선생님들의 어려움이 참 많습니다. 이들을 위로해 주소서.
특별히 당신의 마음을 품고 어려운 중에 학생들을 사랑하고
교실에서, 교회학교에서, 그리고 숱한 가르침의 현장에서

자신을 드리기까지 최고의 가르침을 나누고 있는
성도들의 예배를 받아 주소서.
학교 현장과 여러 교육 현장에서 모순과 갈등을 극복하고
화평과 화해와 참 교육을 위해 헌신하고 있는 이들에게 힘을 주시옵소서.
화려하지 않지만 사람을 섬기고 자라게 하며
그 인격을 다듬어 가는 일로 부름 받은 이 땅의 선생님들에게
소명의 마음을 회복하여 주소서.
특별히 학교 현장에 좋은 스승을 많이 보내 주소서.
학생들과 인격적으로 관계를 맺고,
학생들이 하나님의 창조 세계를 온전히 이해하고
사랑으로 지식을 사용하도록 돕는
성령 충만한 선생님이 많아지도록 하여 주소서.

주님, 모든 성도는 배우는 자이지만
가르치는 자로도 부름 받았음을 고백합니다.
삶의 현장에서 제자를 삼고 선생으로 살라고 하셨사오니,
이 부르심에 합당하게 잘 준비되게 하여 주소서.
보내 주시는 사람들의 영혼을 보는 눈과
이들을 섬기는 사랑의 손을 허락하여 주소서.
그래서 이들을 격려하고 성장하게 하는 일에
주님과 함께 잘 동역할 수 있도록 지혜를 주시옵소서.
가정에서는 아이들에게, 일터에서는 후배 동료에게,
그리고 여러 현장에서 우리가 먼저 배운 것을 충실히 나눌 뿐만 아니라
복음을 나누는 선생으로서 온전히 실게 하여 주소서.

주님, 오늘도 가르치고 배우는 일상을 살아갑니다.
오늘도 당신을 바라보며 당신께 배웁니다.
주 예수 그리스도의 이름으로 기도드립니다. 아멘.

일상을
기도로,
기도를
일상으로

◐ 세상 속에서 일하시는 하나님을 믿는 삶을 위한 기도

우리를 부르시고 세상 가운데 보내시는 하나님,

우리가 세상 속에서 일하시는 당신을 믿고 행하는 삶을 살기를 원합니다.

당신을 믿는다고 하면서도 그 믿음을 우리의 내면생활에 한정시키고

주일과 예배당으로 대표되는 소위 종교생활에서만 고백하는

편협한 모습에서 벗어날 수 있도록 이끌어 주소서.

온 세상을 창조하시고 온 세상을 회복하시는

하나님 당신의 일하심을 믿기에

보냄 받은 세상 속에서 그 믿음을 표현하는

다양한 상상력을 발휘하는 우리의 일상이 되게 하여 주소서.

주 예수 그리스도의 이름으로 기도드립니다. 아멘.

정치와 정치 지도자들을 위한 기도

왕이신 하나님,
모든 나라, 모든 백성의 왕은 오직 당신이심을 고백합니다.
오늘도 온 세상, 온 나라에 충만하신 당신의 주권을 인정하고 찬양합니다.

하나님, 우리가 늘 확인하게 되는 것은
우리의 일상이 정치에 정말 많은 영향을 받고 있으며,
우리가 알지 못하는 사이에
정치가 우리의 일상에 크나큰 변화를 일으킨다는 사실입니다.

사람들을 돌보고 정의를 세우기 위해
권력을 세우시고 지도자를 세우시는 하나님,
온 세계를 구속하는 역사를 위해
나라를 세우기도 하시고 폐하기도 하시는 하나님,
우리를 긍휼히 여겨 주셔서
진정으로 공의로운 정치 지도자들을 세워 주시기를 기도합니다.
잘못된 지도자가 미치는 해악은
개개인의 인권을 유린하고 공동체를 해체하며
당신이 창조하신 자연을 훼손하고 온 세계의 질서를 어지럽히며
전쟁을 조장하고 죽음을 야기한다는 것을
우리는 역사를 통해서, 현실을 통해서 절감해 왔습니다.

왕 되신 하나님, 간절히 기도합니다.
더 이상 정치로 인하여 우리의 일상이 망가지지 않도록,
살림이 붕괴되지 않도록, 죽음을 초대하지 않도록
우리를 긍휼히 여겨 주시옵소서.
잘못된 정치로 인하여
신음하며 눈물 흘리는 이들의 신원을 돌아보아 주시고
이 땅에 공의로운 정치가 회복될 수 있도록 이끌어 주시옵소서.

왕이신 하나님, 유일하신 정의의 하나님,
우리는 사람의 연약함을 알고, 권력의 무한한 힘을 알며,
이 거대한 구조가 얼마나 강고한지 알고 있기에
사람을 의지하거나 전적으로 신뢰하지 않습니다.
설령 우리가 좀 더 나은 정치 지도자를 선출한다 하더라도
그가 모든 문제를 해결할 것이라고 생각하지 않습니다.
그러하기에 당신의 정의를 늘 구하며 깨어 있기를 원합니다.
당신의 손이 이 나라와 이 땅과 지도자들과 국민들을
강한 손으로 붙들어 주시기를 간구합니다.
그리고 교회가 더욱 깨어 있어서 정치를 위해 기도하고
하나님의 정의를 성도들과 함께 이야기하며
정치와 정치가들을 바로 세우는 사역을 잘 감당하기를 원합니다.
교회가 권력을 획득하기 위해 정치와 결탁하지 않고
오직 빛과 소금 된 모습으로
정치적 현실 가운데 하나님 나라를 잘 선포할 수 있도록
이끌어 주시옵소서.

주권자 되신 하나님,

당신이 왕이시며 온 세상, 온 나라의 주인이심을 다시 한 번 고백합니다.

주 예수 그리스도의 이름으로 기도드립니다. 아멘.

일상을
기도로,
기도를
일상으로

정치를 생각하며 드리는 기도

모든 정사와 권세를 주관하시고 다스리시는 왕 되신 하나님,
유일하신 주권자 되신 하나님을 찬양합니다.
우리에게 선을 행하라고 세워 주신
정부와 권력자들을 생각하며 기도합니다.
이들이 하나님을 두려워하며 하나님께 순종하는
섬기는 종들이 되도록 인도해 주소서.
하나님, 끊임없이 자신을 높이고 사람들을 지배하려는
권력의 강력한 힘을 제어하여 주시고,
억압과 폭력이 아닌 섬김의 정치가 자리할 수 있도록
이 땅의 정치인들을 바로잡아 주시옵소서.
사람들의 권리를 바로 세워 주고,
사람들이 받아야 할 마땅한 존중을 해주며,
사람들이 하나님 앞에서, 법 앞에서 평등함을
구체적인 삶으로 만들어 주는 정치가 되게 하여 주소서.
이 일을 위하여 힘쓰는 그리스도인 정치인들에게 지혜와 용기를 주시고,
성경적인 관점에서 정치적 대안을 찾아가는 이들의 손을 들어 주소서.
특히 한국 교회가 정치의 시녀가 되는 것이 아니라
선지자적인 모습으로 하나님 앞에 정치를 돌려 드리는 소명을
잘 감당할 수 있도록 이끌어 주시옵소서.
주 예수 그리스도의 이름으로 기도드립니다. 아멘.

정부를 위한 기도

온 세상의 주권자이신 하나님,
당신의 통치 아래 온 세계가 있으며
당신의 다스리심 아래 모든 사람, 모든 만물이 있음을 고백합니다.
세상의 나라들과 정부들을 세우시고 주관하시는 하나님,
사람들의 삶을 위한 이러한 제도들이
온전히 제 역할을 다할 수 있도록 기도합니다.

특별히 남북이 분단되어 있고
국제 사회 속에서 수많은 나라와 경쟁하고
협력해야 하는 과제들을 풀어 나가야 하는
이 나라의 정부를 위해서 기도합니다.
수많은 사회적 갈등과 문제, 사람들의 다양한 필요 속에서
진정성과 지혜를 가지고 정부 당국자들이 행할 수 있도록 기도합니다.

국민 위에 군림하고 국민을 국가의 도구로 전락시키며
자신들의 권력과 이익만 추구하는 자들이
정부의 권한을 얻지 못하도록 이 나라를 지켜 주소서.
정부 당국자들을 선한 길로 이끌어 주시고,
모든 사람이 살기 좋은 세상,
사람들의 삶의 질이 보장되는 나라를 만들어 갈 수 있도록

의지와 결단력, 실행력과 구체적인 지혜,
그리고 자원들을 더하여 주소서.
특별히 소외된 사람들을 돌보고,
사회적 약자들의 목소리에 귀를 기울이며,
다양한 사람이 공존할 수 있는
사회적 환경과 조건을 만들어 갈 수 있도록 이끌어 주소서.
전쟁의 위협과 경제적인 몰락의 위험성, 환경 파괴의 문제들 속에서
평화와 화해, 공존과 생명의 정치를 펼쳐 갈 수 있도록 붙들어 주소서.

하나님, 권력의 집중과 힘의 편중이
권력의 전횡과 부패를 가져온다는 교훈을 잊지 않고
권력에 편승하지 않도록 지도자들을 붙들어 주소서.
아울러 권력을 견제하고
통제하는 제도들을 운영하는 사람들을 붙들어 주시고
정의와 공정함으로 행할 수 있도록 이끌어 주소서.

하나님, 역사의 큰 흐름 속에서
다만 오늘을 살고 오늘을 행할 수 있는 우리를 돌보아 주소서.
당신의 손안에 우리 자신과 이 나라,
그리고 이 세상의 사람들을 올려 드립니다.
주 예수 그리스도의 이름으로 기도드립니다. 아멘.

◐
일상에서 사람을 품을 수 있기 위하여 드리는 기도

한 사람 한 사람을 목숨같이 사랑하시는 주님,
우리의 일상이 당신을 닮아
복음 안에서 참 소망을 나눌 이를 품고,
정의에 목말라 눈물짓는 이를 품고,
존재의 의미를 회의하는 이를 품고,
도움의 손길이 절실한 이를 품으며,
사랑어린 한마디에 갈급한 이를 품고,
우정을 나눌 이를 품을 수 있도록 이끌어 주소서.
주 예수 그리스도의 이름으로 기도드립니다. 아멘.

흩어져 꽃피우는 삶을 위한 기도

우리를 이 세상에 흩뿌려 주신 주님,
우리가 심겨진 일상에서 아름답게 꽃피우는 삶이길 원합니다.
우리가 심겨진 땅이 어디든 감사함으로 뿌리내리고
당신이 공급해 주시는 햇살과 모든 좋은 것으로 만족하면서
당신의 나라를 아름답게 드러내는 생이길 원합니다.
고난 가운데 잎이 지더라도
죽음 속에서 맺히는 열매로 뭇 생명들을 먹이고,
새로운 생명으로 당신이 오실 때까지 피고 지게 하여 주소서.
주 예수 그리스도의 이름으로 기도드립니다. 아멘.

일상을
기도로,
기도를
일상으로

여름

뜨겁게 성장하며
자라는 계절

자라나는 믿음을 위한 기도
20대를 생각하며 드리는 기도
친구와 우정을 생각하며 드리는 기도 1
친구와 우정을 생각하며 드리는 기도 2
몰락하는 캠퍼스에서 드리는 기도
학업과 배움 가운데 성령 충만을 구하며 드리는 기도
직업을 생각하며 드리는 기도
부부 관계를 위한 기도
부모 됨을 위한 기도
30대를 위하여 드리는 기도
사회생활을 하면서 드리는 기도
조직 사회 안에서 드리는 기도
경쟁 사회 속에서 드리는 기도
휴가 기간에 드리는 기도_ 안식, 가족, 이웃을 생각하며 드리는 기도
휴가와 방학 기간에 드리는 기도
여행을 하면서 드리는 기도 1
여행을 하면서 드리는 기도 2
일상에서 물러나며 드리는 기도
휴가지에서 일터로 돌아와서 드리는 기도
마을에서 믿음으로 살기 위한 기도
광장에서 믿음으로 살기 위한 기도
지도자를 위한 기도
섬김이의 기도
영향력의 유혹에 굴복하지 않고 진실한 섬김이로 살기 위한 기도
세상의 문화적, 사회적 상황 속에서 성령 충만을 구하며 드리는 기도
일상에서 섬김의 제자도로 살기 위한 기도
기회를 생각하며 드리는 기도
환경의 날에 드리는 기도

자라나는 믿음을 위한 기도

우리를 부르시고 길러 주시는 하나님 아버지,

당신의 은혜로 믿음을 고백하며 당신의 자녀가 되었기에 감사드립니다.

하지만 자질구레한 일상, 복잡하고 분주한 일상을 살아가다 보면

우리는 당신 안에 살며 믿음으로 행하는 일보다는

매일매일 주어진 일상에 매몰되기 쉽습니다.

하나님 아버지, 우리 마음이 늘 깨어 있어서

일상 속에 깃든 당신의 얼굴을 볼 수 있게 하여 주소서.

성경 말씀 속에서 믿음의 자양분을 섭취하는

즐거움을 누릴 수 있도록 이끌어 주소서.

공동체 안에서 믿음으로 생동감 있게 성장하게 하여 주소서.

무엇보다 당신과 깊이 사귀는 즐거움 속에서

믿음이 성장할 수 있게 하여 주소서.

일상에서 믿음으로 행할 때

이를 통해 믿음이 자라는 경험들이 이어질 수 있도록 이끌어 주소서.

하나님, 과거의 믿음을 추억하는 신앙생활이 아니라

오늘 생명력 있는 믿음으로 살 수 있게 하여 주소서.

주 예수 그리스도의 이름으로 기도드립니다. 아멘.

20대를 생각하며 드리는 기도

"주의 권능의 날에 주의 백성이 거룩한 옷을 입고 즐거이 헌신하니
새벽이슬 같은 주의 청년들이 주께 나오는도다"(시편 110편 3절).

우리에게 20대의 아름다운 시기를 허락하여 주신 하나님 감사합니다.
20대를 통하여 더욱 하나님 당신을 알아 가고 진리를 추구하며
그 가운데 진정한 자신을 발견하는 귀한 은혜가 있기를 소망합니다.
이 혼탁한 세상 가운데
진정으로 평생 붙들고 살아가야 할
인생의 방향과 비전을 발견하게 하시고
당신 안에서 온전한 가치관으로 구비될 수 있도록 인도해 주시옵소서.
당신과의 교제로 부르신 그 부르심에 충실하게 하시고,
더불어 우리에게 주신 은사를 따라
직업과 삶의 역할들을 향한 소명을 발견하게 하여 주소서.
어린아이의 모습을 버리고 책임 있는 모습으로 서게 하여 주시고,
세상을 향하여 눈을 뜨게 하여 주시며,
언제나 꿈과 더불어
현실의 신실한 삶으로 말하는 사람들이 되게 하여 주소서.
주 예수 그리스도의 이름으로 기도드립니다. 아멘.

친구와 우정을 생각하며 드리는 기도 1

우리의 친구가 되어 주시는 주님,
당신과 함께 누리는 우정으로 인해 감사합니다.
우리를 창조하실 때부터 홀로 살지 않게 만들어 주신
그 뜻과 그 은혜를 생각합니다.
우리에게 삼위 하나님의 완전한 교제를 사모하는 마음을 주시고,
그래서 참된 사랑과 우정을 갈망하게 하셨으니,
이것이 곧 삼위 하나님을 닮아 가려는 열망임을 고백합니다.

주님, 우리의 일상 가운데 친구들을 허락해 주셔서 감사합니다.
인생의 길목마다 마음을 나눌 수 있는 사람들을 보내 주셔서 감사합니다.
또한 우리 자신이 누군가에게 그런 존재가 되고 있음에 감사합니다.
친구를 통하여 우리 자신을 더 잘 알게 하여 주시고,
친구를 통하여 우리가 어디에 있고 어디로 가야 하는지 알려 주시며,
친구와 함께 꿈꾸고 그 꿈을 함께 일구어 가게 하시니 감사합니다.

주님, 좋은 친구들을 보내 주시옵소서.
우리가 좋은 친구가 될 수 있게 하여 주소서.
어떤 친구를 만나고 어떤 우정 관계를 맺어 가는지에 따라
우리가 걸어가는 길이 크게 영향을 받음을 고백합니다.
주님, 당신을 기뻐하며 함께 당신의 나라를 구하고

함께 일하는 친구들을 허락해 주소서.
우리가 서로에게 일상 가운데 깃든 하나님 나라를 생각나게 하는
살아 있는 매체가 되게 하여 주소서.

주님, 친구의 삶을 돌아보고 서로를 위하여 기도하는 일상을 소망하지만
우리 삶이 팍팍하여 주변을 돌아보지 못하는 경우가 많습니다.
우리 안에 당신이 주시는 사랑의 마음과
충만하고 넉넉한 마음을 허락해 주소서.
당신을 알게 된 순간부터 우리 삶은
우리 자신만을 위한 것이 아니라는 사실을 고백하오니
친구를 돌아보고 서로를 도우며 서로를 악한 행위와 세력에서 지켜 가는
참다운 우정의 삶으로 우리를 이끌어 주소서.

사람과 사람으로 충만한 일상에서
당신의 십자가와 부활로 회복된 사람다움과
하나 되는 기쁨을 더 많이 누릴 수 있도록 이끌어 주소서.
주 예수 그리스도의 이름으로 기도드립니다. 아멘.

친구와 우정을 생각하며 드리는 기도 2

우리를 친구로 삼아 주시고 늘 동행하여 주시는 주님,
감사드립니다.
우리에게 함께 삶을 나누며 우정을 나눌 수 있는
친구들을 허락해 주셔서 감사합니다.
세상은 친구조차도 필요에 따라 자신의 유익을 위해 취하라고 하지만
주님이 알려 주시는 참다운 우정을 깨닫고 좋은 친구가 될 수 있도록
우리를 늘 권고하여 주시옵소서.
어떤 친구를 만나는지가 너무나도 중요함을 깨닫습니다.
좋은 친구들을 보내 주시고
현재 있는 친구들과의 관계를 주님 안에서 성장시켜 나가는 일에
헌신할 수 있도록 우리의 마음을 변화시켜 주소서.
더욱 투명한 관계로 이끌어 주소서.
더욱 친밀한 관계로 인도해 주소서.
친구들 간에 막힌 담이 있다면 주님의 십자가로 허물어 주시고
용서하고 화해에 이르도록 인도해 주소서.
그리고 단지 서로만을 위해 존재하는 것이 아니라
함께 신실하게 교회와 이 세상과 당신의 나라를 섬기는 이들로
자라 가게 하여 주소서.
주 예수 그리스도의 이름으로 기도드립니다. 아멘.

◐
몰락하는 캠퍼스에서 드리는 기도

진리이신 삼위 하나님,
캠퍼스에서 당신께 기도합니다.
캠퍼스도 당신의 나라이며
당신의 다스림 아래에 있음을 고백하며 나아갑니다.

하나님, 진리의 상아탑이라고 하는 캠퍼스가 무너져 갑니다.
진리이신 당신과 당신의 창조 세계를 탐구하면서
당신을 예배하던 캠퍼스에서 하나님 당신의 이름이 사라지고,
학문과 신앙이 결별한 지 오래입니다.
오히려 학문 세계는 스스로 높아져서
하나님이 없다고 강변하는 것이 대세가 되었습니다.
하나님, 효율과 성과를 향해 달려가는 세상 속에서
순수하게 인간성과 덕을 추구하고, 역사와 철학과 문학에 천착하며,
상실되기 쉬운 가치를 지키던 캠퍼스는 세파에 침식되어 버렸습니다.
교수의 연구도, 학과의 존폐도,
경제 논리와 국가의 손에 좌우되는 현실입니다.
하나님, 무한 경쟁 사회에서 살아남기 위한 기술을 습득하고,
취업 준비에 몰두해야 하는 학생들의 현실을 봅니다.
계속되는 경제 위기 속에서 공부보다는 학비를 버는 일에 떠밀리고,
졸업 후에도 빚더미에 눌려 있는 학생들의 무거운 어깨를 봅니다.

고질적인 대학 서열화와 취업률을 유독 강조하는 정책 기조 아래에서
이리저리 휘둘리고 뒤틀리는 캠퍼스를 봅니다.
화려하고 우아한 캠퍼스 안에서 열악한 처우를 견디면서
숨죽이며 살아가는 비정규직 노동자들의 한숨을 느낍니다.
시대정신을 고민하며 시대적 모순을 끌어안고 참여하기보다는,
캠퍼스 안에 깊숙이 들어와 있는 소비문화와 자본의 힘에 점령당한 채
순수한 열정과 실험 정신으로 공동체를 이루고 누리는 일이
시간 낭비로 비춰지는 캠퍼스의 현실을 봅니다.
하나님, 캠퍼스의 쇠락 속에서
인간 정신의 몰락과 우리 사회의 어두운 미래를 봅니다.

진리의 하나님, 캠퍼스를 회복하여 주시옵소서.
생명력을 잃어 가는 캠퍼스를 회복하여 주셔서
이곳에서 배출되는 이들과 함께 이 나라의 구석구석에도
희망이 나눠지게 하여 주소서.
캠퍼스의 학생, 직원, 교수들이 깨어 있게 하여 주소서.
그저 자신들의 자리만 보존하는 것이 아니라
캠퍼스 공동체의 회복에 책임을 느끼고 행할 수 있도록 이끌어 주소서.
거대한 흐름 앞에서 위축되고 체념하고 있는 대학인들이
일어설 수 있도록 힘을 주시옵소서.
대학과 대학 교육을 자본의 논리로 바라보는 이들이 변화되어
학문적 성과들과 인재들로 이웃들을 섬기고
이 나라를 변화시켜 가는 공공의 대학을 만들어 갈 수 있도록
이끌어 주소서.

그리고 이를 위해 정책을 만들고 제도를 구축하며
운동하는 이들을 붙들어 주소서.
진리의 하나님, 캠퍼스에서 진리를 탐구하고
성경적 시각으로 학문을 연구하는 이들을 세워 주시옵소서.
캠퍼스에서 하나님 나라를 살아 내는 기독 공동체들을 이끌어 주소서.
이들이 캠퍼스 안에서 활동하면서 참된 진리의 공동체를 만들어 가며
시대정신을 고민하고 캠퍼스의 문화를 변혁시켜서
하나님 나라를 드러낼 수 있도록 이끌어 주소서.

하나님, 캠퍼스의 진정한 회복을 위해 기도합니다.
캠퍼스도 당신의 나라임을 고백하며 선포합니다.
주 예수 그리스도의 이름으로 기도드립니다. 아멘.

☾ 학업과 배움 가운데 성령 충만을 구하며 드리는 기도

지혜의 주 성령님,

우리를 일깨워 아버지 하나님을 알게 하시고,

예수 그리스도를 생각나게 해주시니 감사합니다.

세상의 모든 사물과 지식이 창조주 하나님을 가리키고,

역사의 흐름이 십자가를 지시고 부활하셨으며

다시 오실 그리스도와 그분의 나라를 향하여 있음을 고백합니다.

그래서 이 땅에 사는 우리는 당신이 주시는 지혜를 의지하여

당신의 세계를 탐구하고 당신의 생각을 상고하는 일로

부름 받았음을 또한 고백합니다.

주님, 이와 같은 거룩한 배움의 소명을 위해 기도합니다.

비단 신학뿐만 아니라 우리가 배우고 익히는 학문과 기술과 지식들이

당신을 알아 가고 당신의 나라를 일구어 가며

당신이 보내 주신 이웃들을 섬기는 일을 위해 사용됨을 고백하오니

성령님께서 함께해 주시고 지혜를 더해 주소서.

주 성령님, 특별히 학업과 배움 가운데 우리와 동행해 주소서.

무엇을 위해 배우고 익히는지를 늘 깨우쳐 주소서.

우리의 자랑과 탐욕을 위해 지식의 바벨탑을 쌓지 않게 하여 주소서.

배움의 본질을 흐리는 우리의 허세와

경쟁에 허덕이는 모습들을 비워 내고
하나님 당신의 뜻과 지혜로, 그로부터 오는 겸손과 섬김으로
학업과 배움의 일상을 채워 주소서.

주 성령님, 오늘도 학업의 현장으로 나아가고,
책상머리에 앉으며 연구실과 훈련소와 작업장으로 향하는
성도들과 동행하여 주소서.
새로운 생각과 아이디어를 주시고,
언제나 당신의 부르심을 잊지 않도록 하여 주소서.
성령 충만이 우리의 일상이 되어
학업과 배움의 공간도 당신의 임재하심으로
거룩하고 새롭게 하여 주소서.
주 예수 그리스도의 이름으로 기도드립니다. 아멘.

직업을 생각하며 드리는 기도

우리를 부르시고 직업 세계로 보내 주시는 하나님,
우리가 무엇을 하든지 당신의 영광을 위해 할 수 있게 하여 주소서.
당신이 창조하신 세계를 탐구하고 당신과 함께 조성하여 가는 기쁨을
직업을 통하여 누릴 수 있게 하여 주소서.
당신이 사랑하는 사람들을 사랑하고 섬기는 일을 위해
우리의 직업이 사용되게 하여 주소서.

직업을 찾고 직장에서 일하는 일이
하나님 당신의 형상을 따라
일하는 즐거움을 누리는 것이 되게 하여 주소서.
직업이 안정과 생존의 문제로 여겨지고
돈을 버는 수단으로 자리매김하고 있는 것이 현실입니다.
직업이 지위와 권력이 되고, 그래서 귀한 직업과 천한 직업이 있어서
그 직업에 종사하는 사람들도 그렇게 분류되는 현실입니다.

하나님, 우리의 안전과 생존은 오직 당신께 달려 있음을 고백합니다.
직업을 통해 돈을 벌고 생계를 꾸리는 일은 귀하고 필요한 일이지만,
일용할 양식을 주시는 당신 안에서
당신이 직업 세계로 보내신 그 뜻을 구하고,
하나님 나라를 구하기를 원합니다.

하나님 당신 안에서 직업은 귀천이 없으며
사람은 누구나 귀한 존재임을 고백합니다.
그러하오니 하나님, 일하는 이들을 지켜 주옵소서.
일하는 이들이 보냄 받은 사명을 붙들고 지혜와 능력으로 행할 수 있도록
성령 충만하게 하여 주소서.
일하는 일상 속에서 철저히 성령님의 지도를 받아
일하고 생활할 수 있게 하여 주소서.
무슨 일을 하든지 그 일 자체로 예배가 되게 이끌어 주시고,
일하는 이들 안에서 하나님 당신을 증거할 수 있게 하여 주소서.
주목받고 높이 평가받는 일이든 그렇지 않은 일이든 귀한 일임을 알고
'주께 하듯' 행할 수 있도록 이끌어 주소서.
직업 때문에 부당하게 천대받는 이들과
차별받고 불이익을 받는 이들을 보듬을 수 있도록
우리를 이끌어 주소서. 교회를 회복시켜 주소서.

하나님, 오늘도 다양한 직업 세계 속에서 일하는 성도들을 깨워 주소서.
각자의 직업을 잘 이해하고
그 세부적인 직무의 내용과 태도와 직업상의 관계들 속에서
그리스도 주님의 주 되심을 어떻게 인정할 수 있는지를 생각하고
살아 낼 수 있도록 이끌어 주소서.
직업의 현장 속에서도 당신과 동행하는 매 시간이 되게 하여 주소서.
주 예수 그리스도의 이름으로 기도드립니다. 아멘.

◐ 부부 관계를 위한 기도

완전한 사랑이시며, 완전한 관계이신 삼위 하나님,
삼위의 세 위격이 서로 다르게 존재하시면서도
완전한 연합을 이루고 계신 그 신비를 묵상합니다.
그 다양성과 일치의 신비가
참 사랑과 참 교제의 본이 되심을 고백합니다.

삼위 하나님,
당신이 계획하시고 이루어 주신 부부 관계 안에서도
당신의 그 사랑의 교제를 누리고
당신이 기뻐하시는 연합을 누리기를 원합니다.
그래서 당신이 주시는 생애의 선물을 온전히 누리며
당신의 나라를 위해 함께 걷는 공동체를 이루길 간절히 원합니다.

삼위 하나님,
부부 관계에서도 서로의 다름을 먼저 인정할 수 있는 지혜를 구합니다.
남편은 아내를, 아내는 남편을 서로 다른 존재로 인정할 수 있도록
우리의 시선을 고쳐 주시옵소서.
처음부터 내가 아닌 사람을
나의 생각과 취향과 주장대로 바꾸려는 어리석음을 벗어 버리고
당신이 만드신 남녀의 차이,

서로의 성격과 배경과 생각과 습관의 차이를 인정함으로
사랑하는 삶이길 원합니다.
그래서 부부 관계가 서로를 개조하려는 긴장 관계가 아니라
참다운 용납 가운데 서로의 은사와 재능과 좋은 점을 더욱 살려 주는
아름다운 관계로 성장해 갈 수 있도록 이끌어 주소서.

삼위 하나님, 간절히 원합니다.
서로를 깊이 사랑하는 가운데 서로의 다름을 인정하면서도
당신이 계획하신 참된 연합에 이를 수 있도록 이끌어 주소서.
부모를 떠나 한 몸을 이루라고 하신 그 뜻에 따라
성적으로 한 몸이 될 뿐만 아니라
하나님을 사랑하고, 이웃을 사랑하며, 하나님 나라를 일구어 가는
이 소명으로 하나가 되게 하여 주소서.
하나 됨을 빌미로 상대를 억압하지 않고
온전한 연합을 위해 서로 인내하면서
마음을 모으고 생각을 모으며 삶을 함께해 갈 수 있도록
우리를 이끌어 주소서.

삼위 하나님,
일상 속에서 더욱 당신을 닮아 가고 싶습니다.
우리의 이 열망이 가정생활에서는 오히려
우리 자신에 대한 실망으로 무너지기 쉽습니다.
우리를 긍휼히 여겨 주시고 오직 당신의 영으로 우리를 이끌어 주소서.
주 예수 그리스도의 이름으로 기도드립니다. 아멘.

부모 됨을 위한 기도

하나님 아버지,
우리를 창조하시고 자녀 삼아 주시니 감사합니다.
우리의 참 부모가 되시며 우리를 돌보시고 그 품에 품어 주시니 감사합니다.

아버지 하나님, 자녀 된 우리가 당신의 사랑을 경험하면서
부모가 되게 하신 놀라우신 은혜를 생각합니다.
모나고 부족한 우리에게 자녀 양육의 사명을 맡겨 주셨으니
우리는 다만 당신을 의지할 뿐입니다.

부모가 된다는 것은 그저 아이들의 육체적인 필요를 채워 주는 것이나
아이들이 자라는 환경을 만들어 주는 것에 그치는 것이 아니라
자신을 온전히 드리는 것임을 알아 갑니다.
우리를 위해 하나님께서 아들을 온전히 내어 주신 것처럼,
그리고 예수 그리스도가 십자가상에서 온전히 자신을 주신 것처럼
온전히 내어 주는 사랑이어야 함을 느낍니다.
부모 된 자가 자신을 자녀에게 온전히 나누어 주지 않을 때
자녀는 결핍을 느끼고 진정한 사랑을 경험하지 못하게 됨을 고백합니다.
주님, 자아가 살아서 나누지 못하고
주지 못하는 부모가 되지 않도록 우리를 이끌어 주시옵소서.
아버지 하나님의 사랑을 따라 사랑하는 부모가 되게 하여 주소서.

하나님 아버지, 우리에게 맡기신 자녀들이 당신의 소유이며
한 사람 한 사람 당신의 형상으로 빚으신 인격인 것을
한시도 잊지 않기를 원합니다.
우리는 너무나도 자주 이 사실을 잊기 때문에
자녀들에게 우리 자신을 주장하고 그들의 인격을 무시하며
그 이야기를 듣지 않고 그 마음에 귀를 기울이지 않습니다.
우리가 다른 사람에게 인격으로 대우받기를 바라는 것처럼
우리도 자녀들을 진정한 인격으로 대하는 사람들이 되게 하여 주소서.
만물의 주 되신 하나님 아버지,
만군의 주님께서도 우리 한 사람 한 사람을 인격으로 대하여 주시고
우리의 투정에도, 연약한 신음과 말도 안 되는 요구에도
귀를 기울여 주시는데,
부모 된 우리는 얼마나 자녀들을 인격으로 대했는지
부끄러울 때가 많습니다.
우리를 회복하여 주시고 온전한 부모로 매일매일 변화시켜 주소서.

아버지 하나님, 자녀 된 우리는 오늘도 당신의 사랑 안에서 살아갑니다.
사랑스러운 자녀들의 모습 속에서 우리를 향한 당신의 사랑을 봅니다.
그 사랑을 오늘도 배워 가겠습니다.
주 예수 그리스도의 이름으로 기도드립니다. 아멘.

30대를 위하여 드리는 기도

인생의 30대를 허락하여 주신 하나님 아버지, 감사합니다.
20대를 아쉬워하며 안타까워하기보다
오늘 주어진 삶에 감사하며 하나님과 동행하는 30대가 되게 하여 주소서.
허락하신 가정을 잘 세워 나가는
경건한 부모가 될 수 있도록 하여 주시고,
직업 현장에서 부르심에 따라
하나님 나라를 온전히 세워 나가는 일꾼이 되게 하여 주소서.
청년의 정욕을 피하고 선을 추구하며
더욱 예수 그리스도의 성품을 닮아 가는 일에 헌신하게 하여 주소서.
믿음의 선한 싸움을 싸우며 진리를 지켜 가고
예수 그리스도를 알아 가는 일에 헌신하여 영생을 취하게 하여 주소서.
주 예수 그리스도의 이름으로 기도드립니다. 아멘.

◐
사회생활을 하면서 드리는 기도

우리의 인생을 주관하시고 보호하시며 지키시는 하나님,
오직 당신만이 우리를 살게 하시고
우리에게 필요한 모든 것을 주시는 분이심을 고백합니다.
그러하기에 우리가 의지하고 기대할 분은 오직 당신 한 분임을 고백합니다.

나의 반석이시요, 우리의 피난처 되시는 하나님,
우리는 생업 현장에서 '사회생활'을 잘해야 한다는 이야기를
많이 듣곤 합니다. 그런 압박감도 많이 경험합니다.
생업을 유지하고 안전을 확보하기 위해서는
영향력 있는 사람들과 잘 만나야 하고,
그들과 '사회생활'을 잘하는 것도 능력이라는 이야기를 듣곤 합니다.
그래서 우리는 이 '사회생활'을 잘하기 위해
몸에 맞지 않는 옷을 입은 것처럼 행동하고 말할 때가 종종 있습니다.
그럴 때 우리 마음은 이 영향력 있는 사람들이
마치 우리의 운명을 좌우하는 것처럼 여기고,
그들에게 기대를 품고 의지하게 됩니다.
하지만 하나님, 이런 과정을 통해 우리는 자신도 모르게
우리 자신을 잃어버리고 신념을 내려놓으며
우리 안에 우상을 세우게 됨을 고백합니다.
하나님, 눈에 보이는 사람들을 의지하기 쉬운

연약한 우리를 용서해 주시옵소서.

그리고 이 팍팍한 생존 경쟁의 세상 속에서 담대함과 당당함으로

당신 안에 거할 수 있도록 우리를 지켜 주소서.

우리의 인도자 되신 주님, '사회생활'이 필요하고,

우리의 상사와 영향력 있는 이들을 잘 섬기고

좋은 관계를 맺어 가는 일에 지혜로워야 함을 느낍니다.

하지만 우리가 보냄 받은 일터에서

모든 일을 주께 하듯 성실히 하는 것보다

우리 자리를 보존하기 위해 이 '사회생활'에 매달리려는 유혹이 많습니다.

오직 우리를 일꾼으로 불러 주시는 당신 앞에 성실하면서

지혜로 행하는 주의 종이 되게 하여 주소서.

우리를 일터로 보내신 하나님,

일하면서도 일자리에 불안을 느끼고,

일하고 싶어도 그렇게 할 수 없는 구조 안에서 기도합니다.

일하도록 지음 받은 사람들이 온전히 일할 수 있도록

교회와 성도들이 이 땅 가운데 어떻게 일해야 할지 지혜를 주시옵소서.

당신의 성품을 따라 함께 살아갈 수 있는

공동체를 만들어 가는 일을 위해 애쓰길 원합니다. 함께해 주시옵소서.

오늘도 일하며 당신의 나라를 먼저 구합니다.

충만한 일상으로 당신께만 영광 돌려 드립니다.

주 예수 그리스도의 이름으로 기도드립니다. 아멘.

조직 사회 안에서 드리는 기도

우리를 부르시고 당신의 영광을 위하여 세상으로 보내시고
하나님 나라를 누리며 일구어 가게 하시는 삼위 하나님,
우리의 일상이 당신이 받으시는 참 예배가 되게 하여 주소서.
일터에서 당신을 찬양하는 백성들에게
즐거움과 기쁨으로 충만한 하루를 허락해 주소서.

삼위 하나님,
우리는 세상 속에서 수많은 조직을 만들고 그 안에 속하여 살아갑니다.
함께 살지 않으면 안 되는 우리는
여러 조직에 속해 있으면서 소속감과 안정감을 느끼기도 합니다.
조직마다 역할을 부여해서 사회를 유지하고
서로를 부조하는 일을 하게 합니다.
정치 조직부터 친목 모임에 이르기까지
우리는 조직의 구성원으로서 역할을 담당합니다.

하지만 하나님,
때로는 이 조직들이 정사와 권세가 되어 우리를 지배하려고 하거나
조직의 논리로 우리의 자유를 억압하기도 하고
부당한 일에 관여하게 하기도 합니다.
때로는 하나님 나라에 헌신하는 일보다

조직의 이익에 복무하도록 강요하기도 합니다.

하나님 아버지,

우리는 조직 안에서 살지 않으면 삶을 영위할 수 없고

일을 할 수 없는 경우가 많기 때문에

조직이 우리를 압박하면 쉽게 흔들리고

조직의 논리 외에 다른 생각조차 할 수 없는 경우가 많습니다.

왕이신 하나님, 다스리시는 주님,

우리가 온전히 헌신해야 하고 충성해야 하는 나라는

하나님의 나라임을 고백합니다.

우리가 세상과 조직으로부터 도망치는 것이 아니라

그 안에서 하나님 나라의 정의와 성경의 원리를 살아 내고

조직의 논리에 의해 소외되는 사람들의 손을 잡고

조직의 논리를 변화시켜 나갈 수 있는 지혜와 힘을 허락해 주소서.

조직이 하나의 우상이 되어 지배권을 행사하려 할 때

왕 되신 하나님의 주권을 선언하고 믿음 가운데 행하며

조직이 원래의 목적과 역할에 따라 사람들을 섬기고

공동체를 유지하는 일에 복무할 수 있도록

돕는 이들이 되게 하여 주소서.

교회의 머리 되신 주님,

교회도 공동체가 아니라 하나의 조직이 되어

조직의 논리로 사람들을 억압하기가 얼마나 쉬운지요!

교회가 조직체로서 사람들의 섬김을 받는 것이 아니라

복음을 나누고 사람들을 섬기는 참 공동체가 되길 간구합니다.
이 땅의 교회들이 그렇게
하나님 나라를 드러내는 공동체가 되게 하여 주소서.
그래서 참 공동체를 경험한 성도들이 세상 안에서도
사람들을 살리는 조직을 만들어 가는 역사가 있게 하여 주소서.
이를 위해 제도를 바꾸어 가고 구조를 변화시켜 가는 정치인들에게
지혜를 허락해 주소서.

영광의 하나님, 참된 왕이신 하나님,
오늘도 당신의 주권을 삶 속에서 선포합니다.
하나님의 나라를 살아 내며 고백합니다.
주 예수 그리스도의 이름으로 기도드립니다. 아멘.

경쟁 사회 속에서 드리는 기도

왕이신 나의 하나님, 주권자 되시는 우리 하나님,
오늘도 세상 속에서 당신의 나라를 살아갑니다.
하나님의 나라는 평화의 나라이고 샬롬의 나라이기 때문에
모든 만물이 함께 어우러져 더불어 살아가는 세상인 것을 묵상합니다.

하지만 세상은 함께 어우러지는 공존의 공동체이기보다는
자신의 이익을 위해 이웃을 배제하고 도태시키는
경쟁 사회의 논리가 여전히 지배하고 있는 것 같습니다.
어릴 때부터 체득하게 된 경쟁 사회의 논리는 경쟁을
자신의 능력과 은사를 탁월하게 만들어 가는 훈련이라기보다는
이겨야 산다는 식의 메시지로 각인시켜 왔습니다.
그래서 우리의 일상에는 더 사랑하고 더 섬기고 더 베풀고
더 감사하고 더 나누는 아름다운 경쟁보다
파괴적인 경쟁이 월등히 많습니다.
아버지 하나님,
이런 파괴적이고 폭력적이며 배제적인 경쟁의 논리가
우리를 집어 삼키고 있으니 우리를 회복하여 주시옵소서.
특히 지난 몇 년간 한국 사회에서 심화된,
생존을 위한 경쟁 구조를 깨뜨려 주시옵소서.

십자가를 지신 예수 그리스도를 생각합니다.
십자가로 참 평화를 이루시고 스스로 패배하심으로
측량할 수 없는 평화와 사랑의 나라를 여신 주님,
강고하게만 보이는 경쟁 사회의 구조도
십자가 앞에서는 그 힘을 잃습니다.
십자가를 지신 당신을 따라 이 땅의 교회와 성도들이
이기기 위한 경쟁에 맹목적으로 나서는 것이 아니라
섬기기 위한 열심으로, 평화를 위한 내어 줌으로 살게 하여 주소서.
배제하기보다 포용하고, 도태시키기보다 함께하기 위한 일상을
살아 낼 수 있게 하여 주시옵소서.

대부분의 사람들이 경쟁에서 이기기 위해
자신과 자녀들을 무서운 속도로 밀어부치고
어디로 가는 것인지조차 분별하지 못한 채 달려갈 때에도
하나님의 신실하심을 믿으며 잠잠히 바른 방향을 생각하고
묵묵히 그 길을 갈 수 있는 지혜와 믿음을 허락해 주소서.
경쟁 논리에 빠져 정의롭지 않은 방법으로
다른 사람이나 경쟁사를 이기려는 유혹에 빠지지 않도록
우리를 견고하게 지켜 주소서.
남보다 더 잘난 외모, 더 좋은 집과 자동차를 소유하기 위한
끝없는 경쟁욕에 굴복하기보다
다만 예수 그리스도를 따르는 삶에 만족하고
감사하는 매일이 되게 하여 주소서.
더 크고 화려하며 많은 사람이 모이고 주목받는 교회가 되기보다

예수 그리스도의 뜻에 합당한 살아 있는 교회로 성장해 가는 일에
더 열심을 내게 하여 주소서.

평화의 하나님, 우리의 일상은 그야말로 경쟁으로 가득합니다.
그래서 평화가 숨 쉴 틈이 없고 사랑이 질식하며
이웃을 위한 마음의 여유가 없습니다.
십자가 사랑이 우리를 숨 쉬게 하고
세상이 알 수 없는 평안과 평화를 가져오며
사랑으로 충만케 함을 믿습니다.
매일 매 순간 그 사랑으로 호흡하며 살고 싶습니다.
우리의 일상을 십자가 사랑으로 채워 주소서.
주 예수 그리스도의 이름으로 기도드립니다. 아멘.

휴가 기간에 드리는 기도
_안식, 가족, 이웃을 생각하며 드리는 기도

우리에게 일을 주신 하나님 감사합니다.
또한 우리를 위하여 안식을 허락해 주신 하나님 감사합니다.

하나님, 휴가 기간에 기도드립니다.
일이 하나님께 드리는 예배인 것처럼 참되게 휴식하는 것도
하나님께 영광 돌려 드리는 것임을 고백합니다.

열심히 일한 만큼 잘 쉬게 하여 주소서.
방탕함이 아니라 참된 안식을 누릴 수 있게 하여 주소서.
특히 이 기간에 가정을 잘 돌보고
가족들이 서로로 인하여 감사할 수 있는 기회가 되게 하여 주소서.
휴가를 누리기 위하여 여행을 하는 가정들을 지켜 주셔서
안전하고 즐겁게 잘 누리며 다닐 수 있도록 하여 주소서.

하나님 아버지,
휴가철이라고 마음껏 즐길 수 있는 사람들이 있는가 하면
그렇게 하지 못하기 때문에 더욱 마음 아플 이웃들도 있습니다.
그들을 돌보아 주시옵소서.
비정규직 노동자들과 하청 직원들의 고단함을 돌아보아 주소서.
또한 부당하게 해고를 당하여

지금도 기약 없는 싸움 가운데 있는 사람들,
이 사회의 모순들 앞에서
자신들의 안위를 내려놓고 일하며 싸우는 사람들도 기억하여 주소서.
가난하여서 휴가는커녕
매일의 연명을 걱정해야 하는 우리의 이웃들도 돌보아 주소서.

하나님 나라 안에서 모두가 안식하고
잘 쉬며 누릴 수 있는 그날을 기대하고 기다립니다.
주 예수 그리스도의 이름으로 기도드립니다. 아멘.

휴가와 방학 기간에 드리는 기도

안식을 창조하신 하나님,
그 안식을 누리며 창조의 모든 아름다움을 송축하도록
허락하여 주셔서 감사드립니다.
세상은 끊임없이 일하고 배우고 정보를 습득하고 생산하라고 하지만
우리는 당신의 뜻과 보호하심 안에서
온전히 쉬는 일에 헌신할 수 있도록 하여 주소서.
휴가와 방학 기간에도 또 다른 무엇을 채워 넣고
온전히 쉬지 못하는 세태 속에서 자유롭게 하여 주시고,
참된 쉼 가운데 하나님 당신을 더 깊이 알아 가며 누리게 하여 주소서.
먼저 우리 가운데 가득한 세상의 요구들과
사람들의 기대들을 온전히 비워 내고
휴가와 방학 기간만큼은 온전히 주님의 품 안에서
우리의 존재 자체로 누리는 시간이 되게 하여 주소서.
그래서 하나님 당신을 더욱 알아 가고
우리 인생을 향한 소명을 회복하는
귀한 시간들이 될 수 있도록 인도해 주소서.
주 예수 그리스도의 이름으로 기도드립니다. 아멘.

여행을 하면서 드리는 기도 1

창조주 하나님,
당신이 만드신 아름다운 산천을 보며 감사드립니다.
산과 바다, 강과 들녘, 나무와 꽃과 풀 한 포기에도
당신의 창조의 신비가 스며 있음을 고백합니다.

하나님, 오늘은 여행지에서 기도합니다.
일상을 떠나 여행하면서 가장 분명히 인식하게 되는 것은
당신이 참 하나님이시며 놀라운 창조주라는 것입니다.
그리고 또 하나 느끼게 되는 것은
우리의 일상 너머에도 사람들이 살고 있고
인생이 계속되고 있다는 것입니다.
이러한 사실을 문득 깨달을 때
일상에 갇힌 눈을 열고 새로운 세계를 향하여 마음을 열게 됩니다.

창조주 하나님,
여행을 하면서 당신이 주시는 쉼을 잘 누리게 하여 주소서.
창조 세계의 아름다움을 보면서
만물이 회복될 날을 소망하게 하여 주소서.
이웃들의 삶에 관심을 가지고
세상을 향해 열린 눈을 가지게 하여 주소서.

돌아갈 일상의 소중함을 절감하고 감사할 수 있게 하여 주소서.

인생이라는 여정에 동행해 주시는 주님 안에서

즐거운 마음으로 걸어갈 수 있게 하여 주소서.

우리를 불러 주시고 함께해 주시는

주 예수 그리스도의 이름으로 기도드립니다. 아멘.

일상을
기도로,
기도를
일상으로

여행을 하면서 드리는 기도 2

온 세상의 아름다운 풍경을 창조하신 최고의 예술가이신 하나님,
감사합니다.
아름다운 계절에 여행을 나서며 당신의 선하신 창조와
우리를 향하신 생생한 은혜에 감사하며 찬양합니다.
여행을 통하여 당신의 놀라운 작품들을 누리며
당신을 더욱 즐거워하며 예배합니다.
우리의 눈을 열어 주소서.
일상에서 당신의 신비를 발견하는 감각을
여행을 통하여 더욱 민감하게 하여 주소서.
또한 동행하는 이들을 깊이 알아 가게 하시고
우리가 평생의 믿음의 여정에서 한 공동체 되었음을
마음으로 알게 하여 주시옵소서.
우리의 한계를 인정하고, 일에 경도된 분주함을 내려놓으며,
당신이 만드신 쉼의 리듬을 따라 쉬고, 당신을 온전히 즐거워하며,
당신을 신뢰하는 가운데 떠날 수 있는 마음을
우리에게 허락하여 주시옵소서.
여행을 통하여 참된 회복을 경험할 뿐 아니라
우리 삶을 향한 당신의 미소를 만날 수 있는 행복을 더하여 주소서.
주 예수 그리스도의 이름으로 기도드립니다. 아멘.

◐
일상에서 물러나며 드리는 기도

우리의 일생과 우리의 일상 속에서
함께하시고 동행해 주시는 삼위 하나님,
언제 어디서나 우리와 함께하신다는 그 약속을 믿습니다.

아버지 하나님, 우리가 일상 속에서 당신을 예배하고
당신이 보내신 그 사명에 따라 사는 일이 너무나도 소중함을 고백합니다.
하지만 동시에 우리에게는 일상에서 벗어나는 시간도 필요하고,
일상적인 공간이 아닌 다른 공간에서 호흡하는 것도 필요함을 고백합니다.
이 세상 어느 곳, 어느 시간도 일상 아닌 것이 없겠지만,
익숙하고 반복적인 공간을 벗어나서 행하는 일탈의 시간은
그 나름대로 당신이 우리와 소통하고
새로운 생각과 휴식을 주시는 선물이 될 수 있음을 고백합니다.
평소에 막혀 있던 생각을 열어 주소서.
답답했던 가슴을 열어 새로운 숨을 들이마시는 여유를
허락해 주시옵소서.

우리가 일상에서 당신을 예배하듯
일상에서 물러날 때에도 온전히 당신을 예배할 수 있도록
우리를 이끌어 주소서.
익숙한 일상에서 벗어나는 만큼 주어지는 모든 것은

온전히 당신의 선물이며 손길이며 목소리인 것을 믿습니다.

우리 눈을 열어 주셔서 당신이 베푸신 은혜를 잘 볼 수 있게 하여 주시고,

우리 귀를 열어 주셔서 당신의 목소리를 잘 들을 수 있게 하여 주소서.

우리가 일상에서 물러나올 때

우리 대신 일상을 지키고 있을 사람들을 지켜 주시고,

우리가 남겨 두고 오는 일상들, 우리 손이 미치지 않는 일상들을

당신께서 보살펴 주소서.

하나님, 우리가 반복적인 일상을 살아가면서

일상 그 자체에 매몰되려고 할 때마다

일상으로의 나아감과 물러남이라는 리듬을 잘 타고,

우리 주 예수님께서 행하셨듯이 그렇게 살아갈 수 있게 하여 주소서.

직장과 가정에서 보내는 매일의 시간 속에서,

일주일의 시간이라는 흐름 속에서, 한 달, 일 년 등의 시공간 속에서

당신의 인도하심에 따라 나아감과 물러남으로 살아 내는

지혜와 용기와 믿음을 허락해 주소서.

삼위 하나님, 우리의 손을 펴고 힘을 빼고

기도의 삶, 물러남의 시간을 가집니다.

이 물러남이 온전한 일상의 회복으로 이어질 것을 믿습니다.

당신을 의지하고, 찬양합니다.

주 예수 그리스도의 이름으로 기도드립니다. 아멘.

휴가지에서 일터로 돌아와서 드리는 기도

우리의 모든 삶 가운데 함께하여 주시는 하나님,
당신의 돌보심과 자비 안에서
휴가 기간을 잘 보내게 하여 주셔서 감사합니다.
여행지를 오가는 중에 안전하게 지켜 주시고,
함께하는 이들과 사랑을 확인하며,
잘 쉬고 잘 누릴 수 있도록 이끌어 주셔서 감사합니다.
넉넉한 마음으로 당신이 펼쳐 놓으신 자연 속에서 당신의 솜씨를 느끼고
그 안에서 우리의 몸과 마음이 쉼을 누렸으니
이 또한 당신의 은혜입니다.

우리의 일상 가운데 함께하시는 하나님,
휴가지에서 돌아와 다시 일터에서 기도합니다.
다시 일상으로 돌아와 일상의 예배를 드립니다.
몸도, 마음도 아직은 휴가지에 있는 듯 피곤하고
일이 손에 잘 잡히지 않습니다.
돌아와 앉은 일터에서는 산더미 같은 일과
우리를 필요로 하는 여러 요구가 갑자기 밀려듭니다.
하나님, 일상으로 돌아온 자리에서 우리가
제자리를 잘 잡아 갈 수 있도록 우리를 이끌어 주시옵소서.

당신이 주신 특별한 시간과 경험들 속에서 누린 감사함이
우리의 일터에서 새로운 힘과 상상력으로 바뀔 수 있도록
우리에게 지혜를 주시고 넉넉한 여유를 주시옵소서.
일과 책임들 앞에서 회피하지 않고 마주할 수 있는
용기와 힘을 주시옵소서.
동료들과 일터에서 마주할 때 피곤한 몸으로 인해 짜증 내지 않고
넉넉하게 대할 수 있도록 우리를 도와주소서.
혹시 우리가 잠시 일을 놓고 쉬는 동안 일터에서 발생한 어려움이 있다면
우리가 마땅히 해야 할 바를 알려 주시고,
당신의 선하신 손으로 이 상황들을 헤쳐 나갈 길을 열어 주시옵소서.

하나님, 일상으로 돌아와 다시 일상을 살아 냅니다.
좀 더 가볍고 즐거운 마음으로 당신을 의지하며
좀 더 당신께 감사하며 살고 싶습니다.
성령 충만함으로 일상의 모든 일과 행위와 만남 속에서
성령님의 지도에 따라 살며 누릴 수 있도록 이끌어 주소서.
일상의 모든 영역이 주님의 것임을 고백하며 살 수 있도록 이끌어 주소서.
주 예수 그리스도의 이름으로 기도드립니다. 아멘.

마을에서 믿음으로 살기 위한 기도

우리를 믿음의 삶으로 부르신 주님,
하나님을 사랑하고 이웃을 사랑하라 하신
당신의 말씀을 마음에 새깁니다.
믿음으로 산다는 것이 그저 종교적인 제단을 쌓는 일이 아니라
이웃의 필요와 아픔에 관심을 기울이고 행동으로 섬기는 일이라는
당신의 말씀을 상고합니다.
믿음을 우리 내면과 예배당에 국한시키지 않고
우리가 살아가는 삶의 현장 속에서
좋은 이웃이 되는 것으로 살아 내어야 함에도 불구하고
그러하지 못한 우리 모습을 회개합니다.
주님, 교회 안에서만 서로 사랑한다고 고백하고
이웃들과 담을 쌓고 지낸 모습들을 돌아봅니다.

주님, 멀리 갈 것이 아니라 바로 우리가 살고 있는 마을에서
먼저 좋은 이웃이 되는 믿음의 삶을 살기 원합니다.
이웃이 사라지고
마을 공동체의 아름다운 관계가 소멸되어 버린 현대 사회 속에서
주님을 신실하게 따르며 이웃들을 섬기는 믿음의 열매를 나눌 수 있도록
우리를 이끌어 주소서.
주님의 변함없는 사랑과 은혜 안에서

믿음으로 의롭다 하신 성도들이기에
오히려 감사하는 마음으로
먼저 인사하고 섬기고 나눌 수 있음을 고백합니다.

주님, 마을 안에서 이웃들 가운데 행함과 진실함으로 살아가는
믿음의 사람들로 우리를 세워 주소서.
교회가 겸손함과 성실함으로 참 믿음의 삶을 나누고
마을의 필요들에 응답하며 마을을 잘 섬길 수 있도록 이끌어 주소서.
그래서 믿음이 추상적인 관념이 아니라
살아 역동하는 생명이라는 것을 온전히 나눌 수 있게 하여 주소서.
주 예수 그리스도의 이름으로 기도드립니다. 아멘.

◐
광장에서 믿음으로 살기 위한 기도

역사를 주관하시는 하나님,

세상 속에서 모든 만물을 회복하시고

사랑과 정의의 나라를 베풀어 주시는 당신을 찬양합니다.

세상은 여전히 불의와 강포가 가득하며

가난한 이들과 억압된 이들, 억울한 이들의 눈물이

끊이지 않는 것처럼 보이지만

믿음의 눈으로 당신의 일하심을 바라볼 수 있도록

우리의 눈을 열어 주소서.

죄에 무뎌지고 불의에 쉽게 눈감는 값싼 믿음 가운데 안주하지 않고,

오직 의인은 믿음으로 말미암아 살리라 하신 그 약속 안에서

온전히 믿음으로 행할 수 있도록 우리를 이끌어 주소서.

어두운 세상 속에서 믿음으로 행하는 일이

때로는 광장의 소리가 되고 촛불이 되며 행진이 될 수 있음을 고백합니다.

골방의 기도가 광장의 기도가 될 때

주님, 우리의 기도를 들어 주소서.

믿음을 우리의 내면과 교회당에만 국한시키지 않고

당신의 십자가를 들고 광장으로 나설 때,

고난과 더불어 행진하는 믿음을 고백할 수 있도록

우리에게 용기를 주시옵소서.

불의의 시대에 믿음으로 소망을 보며
믿음으로 행동하는 그 믿음을 우리에게 허락하여 주소서.

다만 하나님, 믿음의 이름으로 광장에 서서, 공론장에 서서
자신의 이름을 드러내고 분열을 조장하며
권력을 획득하려는 유혹에 빠지지 않도록 교회를 붙들어 주소서.
정의와 평화를 매개로 광장의 다른 목소리들과 함께 목소리를 내면서
당신의 뜻을 온전히 따를 수 있는 분별의 능력을 허락하여 주소서.
믿음의 이름으로 광장의 목소리들을 억압하고,
믿음의 이름으로 '차이'를 '악'으로 정죄하지 않도록
교회를 붙들어 주소서.
오히려 다수의 이름으로 소수가 희생되고
대의를 위해 인권이 억압되는 일에 저항하는
참 믿음의 교회가 되게 하여 주소서.

주님, 오늘도 광장의 목소리들 가운데
눈물을 흘리며 함께하시는 당신을 바라봅니다.
주 예수 그리스도의 이름으로 기도드립니다. 아멘.

지도자를 위한 기도

겸손의 왕으로 오신 주님,
모든 사람을 섬기기 위하여 자신을 온전히 희생하신 주님,
당신의 놀라운 섬김의 지도력으로 우리를 이끌어 주시옵소서.
비전으로 이끌기보다 반목과 갈등과 두려움으로 이끌고,
더러운 이익을 탐하며,
국민과 주민과 공동체 위에 군림하려 하는
거짓된 지도자들에게서 우리를 지켜 주시옵소서.
나라와 지역과 공동체와 교회 가운데 참된 지도자들을 세워 주시옵소서.
비전과 열정을 가지고 기꺼이 자신을 희생하는 사람을
지도자로 세워 주시옵소서.
돈이나 이권을 거부하고 공평과 정의를 추구하는 사람을
지도자로 세워 주시옵소서.
군림하기보다 섬기는 사람을
지도자로 세워 주시옵소서.
공동체의 문제를 끌어안고 기도하며 대안을 세우고,
사람들의 가슴에 동기를 부여할 뿐만 아니라
실제로 문제를 해결해 나가는 능력을 구비한 사람을
지도자로 세워 주시옵소서.
진실하고 정직하여 약속을 잘 지키는 사람을
지도자로 세워 주시옵소서.

정의에 민감하고
정의를 실현하는 일에 자신을 온전히 헌신할 줄 아는 사람을
지도자로 세워 주시옵소서.
사람을 세우시고 사용하시는 주님,
진실로 진실로 참된 지도자들을 이 땅에 세워 주시옵소서.
주 예수 그리스도의 이름으로 기도드립니다. 아멘.

섬김이의 기도

우리를 이끌어 주시는 하나님,
우리를 일꾼으로 불러 주셔서
당신의 나라를 위해 살게 하시니 감사합니다.
우리에게 주신 일상이 곧 사역이며 섬김의 자리임을 고백하오니
우리가 당신께 영광 돌리는 온전한 마음으로 일할 수 있도록
이끌어 주소서.

왕좌를 버리고 섬기러 오신 주님,
모든 섬김이의 본이 되어 주시니 감사합니다.
우리가 교회나 사회의 조직 속에서 리더로 부름 받아 일할 때에도
당신의 본을 따르기 원합니다.
스스로 높아지거나 사람들을 이끄는 일에 경도되어
리더가 곧 '섬김이'라는 사실을 잊지 않도록
우리를 늘 일깨워 주시옵소서.

제자들의 발을 씻겨 주신 주님,
우리가 스스로 낮아지고 겸손하여
뭇 사람들을 섬기는 일에 주저하지 않는 리더가 되게 하여 주소서.
스스로 이름을 높이기보다 섬기는 이들을 높이고,
고고한 자리에 머물기보다

궂은일과 귀찮은 일을 기꺼이 맡을 수 있는 마음을 주시옵소서.
변하기 쉬운 사람들의 인정을 구하며 일희일비하지 않게 하여 주소서.
오직 신실하신 당신 앞에서 성실하게 행하고
내면의 밭을 부지런히 가꾸어 열매 맺는 사역들을 할 수 있도록
이끌어 주소서.
업적과 자기만족에 경도되어 초심을 잃어버리거나,
가족이나 주변 사람들을 돌보지 못하거나,
사람을 도외시하지 않도록 붙들어 주시옵소서.
특히 함께 일하는 이들의 마음을 헤아리고
그 사정을 돌아보는 사랑의 마음과 관심을 품고
잘 섬기는 사람이 되게 하여 주소서.

주님, 설령 오해받고 내침 받고 비난받는 일이 있어도
가야 할 방향이 맞다면 묵묵히 갈 수 있는 곧은 마음도 주시옵고,
무엇이 옳은 길인지 분별할 수 있는 지혜를 허락해 주시옵소서.

주님, 일방적으로 이끌지 않고 함께 가는 리더가 되기를 원합니다.
섬기는 이들을 세워 주고 함께하는 이들이 스스로 빛날 수 있도록
돕는 리더가 되게 하여 주소서.
자신의 부족함을 깨달아 혼자 모든 일을 하지 않고,
함께하는 이들과 즐거이 동역할 수 있는 리더가 되기를 원합니다.
그러기 위해서라도 행동하기 전에 먼저 기도하고,
자신을 주장하기 전에 먼저 주님 당신 앞에서
겸손히 서는 리더가 되게 하여 주소시.

그래서 격려도, 비판도 겸허히 받아들이고
말씀의 교훈과 사람들의 조언에 귀를 기울이는
온전한 리더가 되게 하여 주소서.

우리와 함께하시고 우리와 함께 사시는 주 성령님,
우리에게 맡겨 주신 리더의 자리, 섬김의 자리 가운데
늘 충만히 임하여 주시옵소서.
모든 지혜와 분별력과 사랑과 인도의 영이신 당신께서
우리를 이끌어 주시옵소서.
주 예수 그리스도의 이름으로 기도드립니다. 아멘.

◐
영향력의 유혹에 굴복하지 않고
진실한 섬김이로 살기 위한 기도

우리를 불러 주셔서 사람들을 섬기는 자리로 보내 주시는 하나님,
스스로 섬기는 리더의 본이 되어 주시면서도
참된 동무로, 친구로 함께해 주신 주님,
이 시간 당신을 잠잠히 바라봅니다.
보냄 받은 자리에서 리더로 살아간다고 스스로 생각하며 자부하는 일이
얼마나 큰 유혹인지 고백합니다.
세상의 리더들이 누리는 특권과 존경을 부러워하고,
그들이 일하고 사람들을 부리며 조직을 장악하는 방식을 따라가면서
자꾸만 높아지려는 마음이 있음을 고백합니다.
특히 교회와 공동체 안에서 영향력을 발휘하려는 유혹을 고백합니다.
사람들에게 좋은 영향을 끼친다는 미명하에 거짓을 말하고,
자신을 과장하며, 포장하는 모습이 많음을 고백합니다.
이름 없는 섬김보다는 영향력을 추구하고,
자신을 알아주지 않는 것에 분노하며,
사람들이 자신의 의도대로 움직이고 느끼며 조종되기를 원하는 마음이
은밀하게 자리하곤 하오니
주님, 우리를 불쌍히 여겨 주시옵소서.

주님, 진정으로 섬기는 이로 오신 당신의 본을 따르기 원합니다.
스스로 낮아지고, 애써 권력과 영향력을 일으키고 분투하지 않으며,

그저 보내신 이의 뜻을 묵묵히 구하며 사랑으로 행하신 주님,
당신처럼 진정한 섬김이로 살길 원합니다.
함께 먹고 마시고 삶을 나누어 하나님 나라로 제자들을 초대하고,
부족하고 모난 이들의 공동체를 이끄신 주님,
사람의 영향력이 아니라 믿음으로 행하는 능력을 알게 하여 주신 주님,
우리가 보냄 받은 곳에서 당신의 모습을 따르기 원합니다.
눈에 보이는 영향력과 규모와 돈에 휘둘리지 않고
다만 진정성을 가지고 보냄 받은 곳에서
새로운 상상력으로 살아가고 섬기는 그런 섬김이가 되게 하여 주소서.

주님, 참된 리더가 절박하게 필요한 이 시대에
진정한 섬김이들이 이 땅 곳곳에서 일어나
당신의 이름과 마음을 품고 행할 수 있도록 이끌어 주소서.
주 예수 그리스도의 이름으로 기도드립니다. 아멘.

☾

세상의 문화적, 사회적 상황 속에서
성령 충만을 구하며 드리는 기도

온 세상의 주권자이신 삼위 하나님,
오늘도 세상 가운데 살면서 당신의 주권을 묵상합니다.
온 세상이 당신의 것이며, 당신의 손 안에서 운행되는 것임을 고백합니다.
비록 우리를 둘러싸고
여전히 지배권을 주장하는 정사와 권세들이 있지만
이 모든 것이 당신의 발아래 있음을 고백하고
선포할 수 있는 믿음을 우리에게 주시옵소서.

주님, 세상의 문화적, 사회적 상황 속에서
성령 충만하기 위해 기도합니다.
특히 지금 우리가 사는 세상은
무한경쟁 속에서 이웃들을 돌아보지 못하게 만들고,
감당할 수 없을 정도의 속도감 속에서 진리를 추구하며
성찰하지 못하게 만드는 모습이 많습니다.
불의와 부정이 난무하고, 위기 상황이 일상화된 현실 속에서
우리를 무력하게 만드는 상황이 참 많습니다.
이런 가운데 우리의 삶은 특별한 성찰 없이 세상이 이끄는 대로 가기 쉽고,
두려움이 우리 행동을 결정하는 동기가 되기 쉬우며,
예수님의 길은 현실과 너무나도 동떨어져 보이기 쉽습니다.
이런 여러 상황 속에서 성령님의 동행하심을 구합니다.

성령님은 우리가 살아감에 있어서

하나님과 예수 그리스도를 생각나게 하시고

세상 속에서 우리가 행할 바를 알려 주심을 믿습니다.

주 성령님, 세상의 문화적, 사회적 상황들을 잘 분별할 수 있도록

당신의 지혜를 구합니다.

이 세상에서 벗어나 그것과 무관하게 살며

우리 자신의 안온함을 구하고자 함이 아닙니다.

정사와 권세가, 온갖 우상이 자신들을 주장하는 상황 속에서

온전히 살아가며 우리의 삶이 "이 세대를 본받지 않는"

하나님의 산제사로 드려질 수 있도록 기도합니다.

주 성령님, 세상 속에서 우리와 동행하여 주시고,

우리의 일상에서 우리를 늘 일깨워 주시옵소서.

우리가 하나님의 세상 안에서 모든 것을 누리며 감사하면서도

일상에서 정사와 권세와 우상들의 영향력에

민감하게 행할 수 있게 하여 주소서.

참으로 성령 충만하여서

세상 속에 살지만 세상에 속하지 않는

거룩한 삶을 살 수 있도록 이끌어 주소서.

주 예수 그리스도의 이름으로 기도드립니다. 아멘.

일상에서 섬김의 제자도로 살기 위한 기도

섬기러 오신 예수님,
오늘 우리의 일상에서 당신의 섬김을 따르게 하여 주소서.
우리는 당신을 따른다고 하면서도
당신의 왕좌만 취하려 하는 이기적인 모습을 갖기 쉽습니다.
오늘 우리가 직장에서, 가정에서, 여러 삶터에서
먼저 섬기는 사람이 될 수 있도록
우리의 속사람을 변화시켜 주시옵소서.
우리의 섬김이 손발로, 땀으로 나타나게 하시고,
말로만 섬김을 외치는 거짓 제자가 되지 않도록
우리를 이끌어 주시옵소서.
우리를 위해 종의 자리까지 내려오시고 십자가에서 죽기까지 섬기신
주 예수 그리스도의 이름으로 기도드립니다. 아멘.

기회를 생각하며 드리는 기도

인생을 주관하시는 하나님,
우리를 돌보시는 아버지 하나님 안에서
담대하게 일상을 살아갈 수 있게 해주셔서 감사합니다.
우리가 인생의 길을 걸어갈 때 당신을 의지하고 감사하며 행할 수 있도록
우리 마음에 생명력을 더하여 주소서.

아버지 하나님, 우리 삶에는 여러 번의 기회가 찾아옵니다.
우리의 인생 가운데 찾아오는 기회를 붙들어
잘 선택하고 결정하는 것에 따라
우리 생활에 변화가 생기는 것을 봅니다.
그래서 기회를 붙잡는 지혜와 판단력이 중요하다는 이야기를
많이 듣습니다.
기회가 왔을 때 잘 선용할 수 있도록
준비되어 있어야 한다는 이야기도 많이 듣습니다.
하나님, 깨어 있는 지혜와 분별력을 주시옵소서.
막연한 미래를 생각하며 오늘을 허비하지 않고
오늘의 일상을 신실하고 성실하게 살아 낼 수 있는
용기와 힘을 주시옵소서.
우리가 당신의 나라와 이웃들을 섬기기 위해 잘 구비될 수 있도록
오늘도 성실함으로 살아갈 때 우리 삶을 기뻐 받아 주시옵소서.

아버지 하나님, 우리가 기회를 놓쳤다고 생각하는 순간에도
우리 마음을 붙들어 주시옵소서.
적절한 기회를 붙잡는다고 해서
우리의 인생이 전적으로 보장되는 것이 아님을 상기합니다.
오직 당신의 신실하신 사랑 안에서
우리 삶이 안전함을 마음에 새깁니다.
하나님, 또한 겸손하기를 원합니다.
우리가 놓쳤다고 생각한 '좋은 기회'가
실제로는 좋지 않은 기회였음이 밝혀지는 경우나
그 반대 경우도 많은 것을 봅니다.
우리의 판단력과 경험이 전부가 아니라는 것을 겸손히 인정합니다.
'기회'가 절대적인 것이 아니라
아버지 당신만이 우리의 견고한 바위이심을 고백합니다.

아버지 하나님, 우리의 일상은 단조롭고 반복되기 일쑤지만
그런 가운데 불쑥 찾아오는 기회나 위기가 있습니다.
우리의 영혼이 당신과 함께하는 평안 가운데
이런 상황들 속에서도 중심을 잃지 않기를 원합니다.
그래서 상황이 아니라 당신의 사랑이 우리를 이끌어 가고
신뢰 가운데 당신과 함께 걸어가는 인생이 되기를 소망합니다.
주 예수 그리스도의 이름으로 기도드립니다. 아멘.

환경의 날에 드리는 기도

온 세상을 창조하시고 아름다운 자연과 모든 만물을 창조하신 하나님,
우리가 당신의 창조 세계에서 살며 호흡할 수 있게 하시니 감사합니다.
당신이 베푸신 이 모든 환경이 삶의 터전이 되고,
모든 생명체가 살아갈 수 있는 공간이 된다는 것을 생각하며
다시 한 번 감사드립니다.

하나님, 환경의 날을 맞이하여 기도합니다.
우리 인간의 탐욕으로 인해
당신이 베풀어 주신 자연과 환경이 파괴되고 왜곡되어
인간과 많은 생명을 위협하고 있습니다.
창조의 청지기로서 우리에게 맡겨 주신 자연과 환경을 잘 보존하고
당신의 뜻에 따라 돌보아야 함에도 불구하고
그 책임을 방기한 죄를 용서하여 주소서.
오히려 자연을 무분별하게 개발하고, 한정된 자원을 함부로 사용하며,
다른 동식물들과 공존을 모색하기보다
철저히 인간 중심적으로 지배하고
배제하는 모습으로 행했음을 고백합니다.
탐욕으로 인하여 끝없이 소비하고
눈앞의 이익을 위해 우리 자손들이 누릴 환경을 고려하지 않은
어리석음을 용서하여 주소서.

하나님, 우리의 책무는 여전히 당신이 맡기신 자연과 환경을
당신 뜻에 따라 돌보는 일임을 고백합니다.
그리고 이 일은 일상생활의 작은 일에서 시작하여
전 세계가 함께해야 할 일임을 고백합니다.
일상적인 삶 속에서 환경을 생각하는 생활양식을 실천하고
늘 깨어 청지기의 삶을 살아갈 수 있도록 우리를 이끌어 주소서.

그리고 하나님, 특히 이 나라 이 땅은
오랜 개발 독재의 영향과 국가적인 사업으로
환경이 너무나도 광범위하게 파괴되어서
그 피해를 가늠하기도 힘든 상황입니다.
그 피해를 되돌리기에는 매우 많은 비용과 시간이 걸리는 상황이라서
안타까운 마음이 큽니다.
하나님, 아무리 오랜 시간이 걸려도
당신이 이 땅에 베풀어 주신 아름다운 산천을 회복하는 일에
정부와 많은 사람이 함께할 수 있도록 이끌어 주시고,
특히 이 일을 위해 애쓰고 연대하는 성도들의 사역이
열매 맺을 수 있도록 이끌어 주소서.
정책을 세워 가는 정부의 관계자들이
창조주 하나님을 두려워하게 하여 주시고, 지혜를 주셔서
더 이상 환경을 희생하면서 이익을 추구하려 하지 않도록 이끌어 주소서.
함께 협력해야 할 나라들이 한 마음으로
인류 공동의 생활 터전을 지켜 갈 수 있도록 허락해 주소서.

오늘도 이 땅의 모든 환경을 주관하시고 붙들어 주시는 하나님,

그 사랑과 은혜에 감사드립니다.

우리가 무심코 지나치고 살아가는 자연과 모든 환경에는

하나님 당신의 손길이 있음을 상기합니다.

당신이 이미 예수 그리스도를 통해 열어 주신 하나님 나라에서

마침내 모든 만물을 회복하실 그날까지

당신의 역사하심을 소망하며

당신과 함께 그 회복의 사역에 동참하길 원합니다.

지혜를 주시고, 참 소망을 주시며, 마지막까지 우리를 이끌어 주시는

주 예수 그리스도의 이름으로 기도드립니다. 아멘.

가을

삶이 여물고 함께
더불어 사는 계절

가을에 드리는 기도
낙엽을 보면서 드리는 기도
젊음과 늙음을 묵상하며 드리는 기도
예술을 생각하며 드리는 기도
계획이 무너졌을 때 드리는 기도
시기의 죄에서 벗어나기 위한 기도
길 위에서 드리는 기도
사람을 통해 배우면서 드리는 기도
세상 속에서 살아 있는 공동체를 위한 기도
예수님 안에서 참 사귐의 삶을 살기 위한 기도
형제와 자매, 그 아름다운 동역을 위해 드리는 기도
가르침을 위한 기도
집을 생각하며 드리는 기도 1
집을 생각하며 드리는 기도 2
공동체로 살면서 드리는 기도
사랑하고 섬기는 일상을 위해 힘을 구하는 기도
일상에서 하나님 나라의 공동체를 세워 가기 위한 기도
차별 없는 공동체로 예수 따름을 실천하기 위한 기도
교회와 성도의 공동체에 은사를 선물로 주신 것을 감사하는 기도
오늘의 세상 속에 보냄 받은 교회로 발돋움하기 위한 기도
일터 선교사를 파송하는 교회를 위한 기도
보냄 받은 자리에서 홀로 살아가며 드리는 기도
일상에서 제자리를 성실히 지키는 삶을 위한 기도
동행하는 삶을 위한 기도
함께 공부하는 공동체를 위한 기도
더불어 함께 살아가며 드리는 기도
환대의 영성을 위한 기도
믿음의 공동체를 위한 기도
속물근성을 벗고 예수 그리스도를 옷 입는 삶을 위한 기도
길을 걸으면서 드리는 기도

가을에 드리는 기도

창조주 하나님,
아름다운 계절 가을을 주셔서 감사합니다.
이 가을에 높고 푸른 하늘처럼 청아한 마음을 빚어 주소서.
시원한 바람처럼
뭇 사람들의 마음을 시원케 하는 이가 되게 하여 주소서.
아름답게 영글어 가는 가을 열매처럼
그렇게 우리 삶의 열매도 하나하나 맺어 갈 수 있게 하여 주소서.
감사하는 마음으로, 넉넉하고 풍성한 마음으로
오늘도 일상을 살아갈 수 있도록 이끌어 주소서.
주 예수 그리스도의 이름으로 기도드립니다. 아멘.

낙엽을 보면서 드리는 기도

우리 삶을 주관하시는 하나님,

떨어지는 낙엽을 보면서 계절을 주관하시는 당신의 손길을 봅니다.

새순으로 움트고 파릇파릇 자라나며

뜨겁고 푸르게 생동하고 온갖 고난과 은혜 속에서 열매를 맺어

마침내 떨어져 죽음으로 아름다운 부활의 밑거름이 되는

우리네 삶을 생각해 봅니다.

찬바람 속에서 마지막 찬란한 빛을 발하며

겨울을 준비하는 나무의 지혜를 배우고,

당신의 섭리 안에서 삶이라는 숙제를 누리며

찬찬히 마무리해 가는 성실한 삶이길 원합니다.

또한 주님, 하늘 높은 줄 모르고 솟아오를 것 같은 교만을 내려놓고

당신 앞에서 고개 숙이고 마침내 땅으로 돌아가야 한다는 사실 앞에

겸손할 수 있기를 원합니다.

샛노란 은행이 비처럼 내리고

붉고 누런 잎사귀들이 바스락거리는 오늘을

마음에 담아 봅니다.

감사드리며 주 예수 그리스도의 이름으로 기도드립니다. 아멘.

◐
젊음과 늙음을 묵상하며 드리는 기도

우리의 인생을 주관하시는 하나님 아버지,
우리가 출생하고 성장하며 늙어 가고 죽는 모든 여정 속에서
함께해 주시니 감사합니다.
우리가 젊을 때에나 늙을 때에나 우리의 모든 삶을 드려
당신을 예배하고 사랑하기를 원합니다.
사계절을 주신 하나님,
우리가 인생의 봄, 여름, 가을, 겨울을 맞이할 때마다
당신께 감사할 뿐만 아니라
때에 따라 지혜롭게 행할 수 있도록 이끌어 주시옵소서.
인생의 계절마다 우리에게 허락하신 모든 아름다운 것을 누리고
찬송할 수 있는 열린 마음을 주시옵소서.

하나님 아버지, 젊은 날에 당신을 알아 가는 열정으로 살게 하여 주소서.
젊음으로 배우고 알아 가야 할 것이 많이 있고
우리의 관심을 끄는 수많은 것이 있지만,
이 젊은 날에 당신을 알아 가는 일에 최고의 열정을 다하는
지혜를 갖기 원합니다.
아버지 당신을 아는 것이 모든 것을 아는 것이기 때문입니다.
하나님 아버지, 당신을 알아 가는 가운데
우리 안에 성령의 열매가 점점 자라나시

열매 맺는 청춘의 때를 살게 하여 주소서.
당신을 알아 가는 가운데 우리를 이 땅으로 보내시고
당신께로 불러 주신 그 소명을 알아 가며,
우리에게 주신 은사에 따라 구체적인 삶 속에서
어떻게 섬겨야 할지를 알아 갈 수 있도록 이끌어 주소서.
진리를 구하고 진리를 나누는 일에 헌신하고,
평생을 함께할 동역자들을 만나며,
공동체를 세워 가는 일에 힘쓰는 젊음이게 하소서.
하나님 아버지, 봄처럼 피어나는 젊음의 시기에,
여름처럼 뜨거운 젊음의 날들에
당신께서 허락하신 젊음의 선물들을 누리고
감사하는 매일이게 하여 주소서.

하나님 아버지, 늙어 가는 시간에도
당신을 더 깊이 알아 가는 열정을 더해 주소서.
육체의 한계를 느낄 때마다 겸손을 배우게 하여 주소서.
인생의 경험이 쌓여 갈수록
당신께서 빚어 오신 인격의 열매를 더욱 다듬어 갈 수 있게 하여 주소서.
늙어 가는 일을 거부하고
다가오는 죽음 앞에서 두려워하지 않을 수 있도록
아버지의 자비와 사랑으로 보듬어 주시옵소서.
하나님 아버지, 늙어 가는 시간을 통하여 지혜가 깊어지게 하여 주소서.
그래서 당신을 알아 가는 이 귀한 사역을 위해 인생 전체를 드릴 수 있도록
젊음을 깨우는 시간들로 삼을 수 있게 하여 주소서.

믿음의 유산을 나누는 일에 힘쓰고,

그래서 그 위에 공동체를 잘 세워 갈 수 있도록 지혜를 주시옵소서.

평생을 함께해 온 동역자들과 함께

영원한 하나님 나라를 위해 남은 생을 드리는 열정을 더해 주시옵소서.

하나님 아버지, 열매를 맺고 나누는 가을과

잠잠히 부활의 봄을 준비하는 겨울이

우리 인생에도 있음을 고백합니다.

이 또한 당신이 주신 선물이오니

감사함으로 살아 내는 매일이게 하여 주소서.

하나님 아버지, 다시 한 번 당신께 우리 생을 맡깁니다.

젊음의 때에는 다가올 노년의 때를 미리 바라보는 지혜를 주시고,

노년의 때에도 당신의 나라 안에서

식지 않는 젊음의 열정을 간직하는 생애가 되게 하여 주소서.

우리와 함께하시며 우리의 평생에 친구가 되어 주시는

주 예수 그리스도의 이름으로 기도드립니다. 아멘.

예술을 생각하며 드리는 기도

가장 탁월한 예술가이신 하나님,
오늘도 당신의 창조 세계, 당신의 작품을 보며 감동하고
마음이 움직이며 회복되게 하심을 감사합니다.
당신이 펼쳐 놓으신 모든 작품을 통해 당신의 성품을 보고
새로운 상상력을 가지게 하시니 감사합니다.
우리에게도 예술적인 감각과 창의력을 허락해 주시니 감사합니다.
우리 삶이 하나님 나라를 아름답게 꾸며 가는 예술임을 고백하며
매일 매 순간을 예술로 살아가는 사람들이 되게 하여 주소서.
특히 우리 가운데 보내 주신 예술가들로 인하여 감사합니다.
그들의 상상력과 창조의 능력을 붙들어 주소서.
그들로 인하여 당신의 세계를 들여다볼 수 있는 눈을 얻게 되고,
우리 인간과 세계를 이해하는 새로운 시각을 얻게 됨을 고백합니다.
때로는 예술가들의 상상력과 창조력이 왜곡되고 상상력이 고갈되며
절망이 그들을 사로잡을 때가 있습니다.
예술의 영역에서도 주인이 되시고, 이를 구속하시는 주님을 바라봅니다.
예술이라는 일상도 회복해 주시옵소서.
그리고 우리가 더욱 다채로운 모습으로
당신을 찬양할 수 있게 해주소서.
주 예수 그리스도의 이름으로 기도드립니다. 아멘.

◐
계획이 무너졌을 때 드리는 기도

우리의 걸음을 인도하시는 하나님(잠언 16장 9절),

우리가 마음으로 계획한 바가 이뤄지지 않고,

우리의 애쓰는 일이 막혔을 때,

우리 마음을 붙들어 주셔서 당신을 온전히 의지하고,

우리의 모든 행사를 당신께 맡기며(잠언 16장 3절),

당신이 주시는 새로운 길을 즐거이 갈 수 있도록 이끌어 주소서.

주 예수 그리스도의 이름으로 기도드립니다. 아멘.

시기의 죄에서 벗어나기 위한 기도

우리를 죄에서 구속하기 위하여 십자가를 지신 주님,
주님의 그 사랑에 감사하며 날마다 주님을 닮아 가길 원합니다.
주님, 우리는 늘 친구의 행복을 나의 불행으로 여기고,
친구의 불행을 나의 행복으로 여기는 시기의 죄와 싸우고 있습니다.
주님께서 친구에게 주신
은사와 재능과 성품을 인정하지 않고 폄하하려 하고,
친구의 불행을 은연중에 도모하려 한 죄를 용서하여 주시옵소서.
우리에게 주신 은사와 복을 보지 않고
감사하지 않은 죄를 용서하여 주시옵소서.
말과 행동으로 친구를 험담하고 중상하려 한 죄를 용서해 주시옵소서.
주님, 이제는 우리에게 주신 은사와 재능과 복을 세어 보고,
우리 자신의 부족한 모습 그대로 감사할 수 있게 하여 주시옵소서.
친구를 경쟁 상대가 아닌 공동체와
하나님 나라를 세워 가는 동역자로 볼 수 있는 눈을 열어 주시옵소서.
무엇보다도 주님의 사랑을 더욱 깊이 알게 하여 주셔서,
그 사랑을 힘입어 시기를 넘어서서
참된 사랑으로 나아가게 하여 주시옵소서.
그래서 형제와 동거하는 아름다운 공동체를 누리며,
이 공동체로 주님의 기쁨이 되게 하여 주소서.
주 예수 그리스도의 이름으로 기도드립니다. 아멘.

길 위에서 드리는 기도

길이요 진리이신 주님,
우리를 진리와 사랑의 길로 이끌어 주시니 감사드립니다.
우리가 걸어가는 평생의 길 가운데 동행하여 주시고
친구가 되어 주시니 또한 감사합니다.

주님, 길 위에서 기도드립니다.
아직은 가야 할 길 위에서,
우리가 걸어가고 달려가야 할 길 위에서
나그네의 심정으로 기도드립니다.

주님, 우리가 이 세상 가운데 살지만
이 세상에 속하지 않은 나그네임을 고백합니다.
우리 마음은 늘 정주하여 안정되기를 바라지만,
그래서 우리가 잠시 머물고 있는 이곳이
우리의 본향인 것처럼 이곳에 속하고 싶어 하지만
우리의 참된 정체는 하나님 나라 백성임을
늘 기억할 수 있도록 이끌어 주소서.
늘 길 위에 있는 존재로서 우리가 느끼는 모호함과 불확실성 가운데
흔들리지 않는 당신의 나라를 붙들며
감사함으로 모호한 삶을 선택할 수 있게 하여 주소서.

그렇게 우리가 길 위에서 세상에 정주하지 않고
당신을 따르는 모호함 가운데 믿음으로 한 발을 내딛을 때
당신이 열어 주시는 놀라운 신비를 경험하게 하여 주소서.
정주하는 삶이 매몰되기 쉬운 틀을 깨며
새로운 눈과 새로운 마음으로 매일을 살며
우리가 보냄 받은 삶의 현장에서
하나님의 선교에 동참할 수 있게 하여 주소서.

주님, 길 위에서 숨을 고르고, 기다리며, 나아갈 길을 바라봅니다.
우리와 함께해 주신다는 그 약속을 붙듭니다.
불기둥과 구름 기둥으로 인도해 주시고
만나와 메추라기로 먹여 주신 당신의 손을 오늘도 바라봅니다.
그리고 당신이 걸어가신 십자가의 그 길을 바라봅니다.
우리를 이끌어 매일의 일상에서
영광스러운 너른 길이 아니라
다만 십자가의 그 좁은 길을 갈 수 있도록 하여 주소서.
주 예수 그리스도의 이름으로 기도드립니다. 아멘.

사람을 통해 배우면서 드리는 기도

우리와 함께하여 주시고 우리에게 좋은 사람들을 보내 주시는 주님,
우리가 당신 안에서 사람들을 만나면서
성장하고 성숙할 수 있는 이 신비를 매일 경험하게 하시니 감사합니다.
우리가 일상에서 사람들을 만날 때
늘 겸손히 당신 앞에 서는 것처럼 행할 수 있도록
우리 마음을 주관하여 주소서.
그래서 우리 앞에 있는 사람에게서 당신의 얼굴을 보고
당신의 음성을 들을 수 있기를 원합니다.
겸손한 마음으로, 잘 듣는 귀로, 열린 마음으로
사람을 통해 배우고 온전히 자라 갈 수 있도록
우리를 이끌어 주소서.
주 예수 그리스도의 이름으로 기도드립니다. 아멘.

세상 속에서 살아 있는 공동체를 위한 기도

우리를 공동체로 불러 주신 주님,
당신의 십자가와 부활로 모든 막힌 담을 허물어 주시고,
하나 되게 하시는 성령님의 역사하심으로 우리를 묶어 주시며,
아버지 하나님의 나라를 함께 살며 함께 일구어 가게 하시니 감사합니다.

오늘도 일상을 사는 우리에게는
이 세상 안에 살면서도 하늘의 시민임을 잊지 않게 해주는
동역자들이 필요함을 고백합니다.
왕 되신 하나님을 함께 고백하고, 기도의 언어를 함께 만들어 가며,
예수님을 따르기 위해
함께 희생하는 즐거움을 나누는 사람들을 더해 주시고,
이런 동역자들과 함께 세상에 나아가는 하루가 되게 하여 주소서.
동역자들과 함께 웃고 함께 울며 삶을 나누는 복을 누리는 가운데
하나님 나라를 삶으로 전하는 일상이 되게 하여 주소서.

살아 있는 공동체가 곧 증거의 공동체임을 고백하오니
이 땅의 교회와 공동체가 주님 당신을 머리로 하는
살아 있는 교회, 살아 있는 공동체가 되게 하여 주소서.
깨어지고 어그러진 세상 속에서,
수많은 모순과 죽음이 난무하는 현실 속에서,

거대한 구조의 문제들이 압도해 오고,
정사와 권세들이 인간의 삶을 피폐하게 하는 그런 세상 속에서
공동체로 함께 싸우고 함께 일하며
우리에게 주신 책임을 감당할 수 있도록 우리를 이끌어 주소서.

오늘도 동역자를 허락하여 주심과
당신의 나라를 누리고 일구어 가는 원대한 계획 가운데
교회와 공동체를 세우신 그 지혜와 경륜을 찬양합니다.
영원하시고 완전하신 공동체이시며 사귐이신
삼위 하나님의 이름으로 기도합니다. 아멘.

예수님 안에서 참 사귐의 삶을 살기 위한 기도

우리를 위하여 오신 주님,
당신은 자신의 몸을 십자가에 내어 주어
우리와 하나님 아버지가 참된 사귐을 회복할 수 있도록 하여 주셨습니다.
주님, 놀라운 은혜로 우리를 용납하셔서 친구로 삼아 주셨으니
우리가 넘치는 기쁨을 소유하였습니다.
주님, 당신은 교회의 머리가 되시고
성령의 교통하심으로 성도들을 세우시며
성도들로 하여금 영광스러운 하나님 나라의 교제를 누리고
하나님 가족으로서 참 사귐을 누리게 하여 주셨습니다.
예수 그리스도 우리 주님,
삼위 하나님 안에 있는 참 사귐으로 우리를 초대하여 주시니
당신 안에서 당신과 누리는 사귐만이 참된 기쁨을 주는
참된 사귐임을 고백하며 감사합니다.

참된 사귐이신 주님,
우리가 성도로서 참된 사귐으로 참 교회가 되게 하여 주소서.
우리의 사귐이 세상의 그것과 같지 않도록,
예수 그리스도 당신의 이름이 늘 중심이 되는 사귐이 되게 하여 주소서.
인맥이 중시되는 한국 사회에서 교회도 또 하나의 인맥이며
심지어 스펙이 되는 현실을 봅니다.

교회 안에서의 사귐이 세상적 지위를 자랑하고, 재산과 자식을 자랑하며,
심지어 교회 봉사의 정도나 근속 연수나 직분을 자랑하는 것으로
변질되어 있는 모습이 얼마나 많은지요!
주님, 영광스러운 사귐을 욕망과 탐욕과 시기와 질투로 더럽힌 우리를
용서해 주시옵소서.
우리 안에 주님께서 주시는 참 사귐을 향한
열망과 비전을 회복하여 주시고,
그 참 사귐에서 나오는 기쁨을 사모하는 마음을
회복할 수 있도록 이끌어 주소서.
그래서 우리가 지위나 재물이나 외모나 직분이나
그 어떤 것도 아닌 오직 예수의 이름으로 하나 되는 역사를
교회 공동체에서 누릴 수 있도록 하여 주소서.

주님, 사귐에 목마른 세상 속에서도
참된 사귐을 열어 주시는 당신을 의지합니다.
사람과 사람이 막힘없는 사귐의 기쁨을 누리던
창조의 본 모습이 비록 훼손되었지만
사람들 마음마다 이 온전한 사귐에 대한 열망이 있음을 봅니다.
참 사귐은 예수님 당신 안에만 있기에
아직 당신을 알지 못하는 이들이 당신의 십자가와 부활과
하나님 나라의 복음을 알 수 있도록 이끌어 주소서.
성도들이 일상에서 당신과 참 사귐을 회복하고
성도들 간에 온전한 사귐의 기쁨을 나누며
예수님의 마음으로 일터와 쉼터의 사람들에게

사귐의 발돋움을 하는 것을 보면서
사람들이 더욱더 당신이 주시는
참 사귐으로 나아올 수 있도록 이끌어 주소서.
성도들의 일상이 사귐을 위해
자신을 여는 일상이 되도록 이끌어 주소서.

참된 사귐을 선물로 주시는 주님,
오늘도 당신과 함께 사귀는 기쁨으로 살아갑니다.
거짓 기쁨을 내려놓고 참 기쁨을 붙드는 지혜를 소유하며,
형제자매와 가족들과 일터의 동료들과 이웃을 돌아보아
참 사귐을 나누는 진실한 삶으로 이끌어 주소서.
성령의 충만함을 구하오니
우리의 삶을 참 사귐으로 온전케 하여 주소서.
주 예수 그리스도의 이름으로 기도드립니다. 아멘.

형제와 자매, 그 아름다운 동역을 위해 드리는 기도

거룩하고 아름다운 공동체이신 삼위 하나님,
우리를 공동체로 불러 주시고
함께 살아가는 즐거움을 누리게 하시니 감사합니다.
공동체를 통하여 당신의 나라를 경험하고 일구어 가는 기쁨을 주셨으니
당신의 이 놀랍고 신비한 계획을 생각할수록
감사와 찬양이 흘러나옵니다.

우리를 부르신 하나님,
우리를 공동체로 부르시되 형제와 자매로 불러 주시니 감사합니다.
당신의 지혜로 남자와 여자를 만드셨을 때부터
서로 돕고 합력하도록 하신 그 뜻을 생각합니다.
하지만 하나님, 때로는 남자와 여자로서 서로가 가지는 차이 때문에
동역하기가 힘들고 어려울 때도 있음을 고백합니다.
신체가 다르고, 성정이 다르며,
생각하고 행동하고 말하고 느끼는 방식이 다를 뿐만 아니라
남자와 여자로서 경험하는 사회적 경험과 문화가 다름을 대면하게 됩니다.
하나님, 우리가 이런 다름으로 인해 소통에 실패하고,
서로를 이해하지 못하며, 서로 판단하고 대립하며
상처 입히는 일이 얼마나 많은지 모릅니다.
서로 권위를 내세우고, 주도권을 주장하며,

함께해야 할 사명보다는 서로에게 집중하는 우리를
불쌍히 여겨 주소서.

우리의 모든 것을 아시는 하나님,
화해의 주님,
하나 되게 하시는 성령님,
우리가 서로의 다름을 긴장과 갈등의 씨앗으로 여기기보다
당신의 창조의 선물로 온전히 받아들이는
지혜와 용납의 마음을 주시옵소서.
서로를 판단하는 시선에서 벗어나
함께 하나님 나라를 구하는 같은 방향을 보게 하소서.
마음을 닫고 자기주장과 주도권 다툼으로 일관하지 않으며
십자가 사랑 안에서 서로 용납하고 마음을 열며,
높아지기보다 낮아지고 섬기는 일에,
대화하고 공감하고 격려하고 서로를 세워 주는 일에
헌신할 수 있는 용기와 힘을 주시옵소서.
공동체를 세워 주신 하나님의 그 뜻을 중심에 두고
만나고 동역할 수 있게 이끌어 주소서.

형제, 자매가 연합하여 함께하는 일이 얼마나 아름다운지
하나님 당신의 그 흐뭇한 미소를 생각해 봅니다.
우리를 하나로 부르신 당신께서
끊어지지 않는 사랑의 끈으로 우리를 묶어 주심을 믿습니다.
주 예수 그리스도의 이름으로 기도드립니다. 아멘.

◐
가르침을 위한 기도

최고의 교사이신 주님,
오늘은 가르침이라는 일상을 가지고 기도하려 합니다.
교단에 서서 가르치는 사람이든,
가정에서 자녀에게 무언가를 가르치는 사람이든,
우리 인간은 가르침과 배움이라는 과정을 통해
지혜와 지식을 나누는 아름다운 관계 안에 있다는 것을 생각하게 됩니다.
이 신비롭고 아름다운 관계를 만들어 주신 당신께 감사합니다.

주님, 가르치는 일은 인격들이 함께하는
귀한 소통의 과정이라는 것을 생각합니다.
가르치되 인격들을 무시하고 지식만 나열하거나
지식의 폭력을 행사하지 않도록
가르치는 이들을 지켜 주소서.
가르치는 내용에 보다 책임 있게 행하게 하여 주소서.

가르치는 이도 늘 배워야 하고
그 배움 가운데 성장해야 한다는 사실을
온전히 인정하게 하여 주소서.
가르치는 대상이 되는 이들을
단순히 내싱화하지 않게 히어 주소서.

참으로 가르치고 배우는 공동체가
모든 교실과 강의실과 가르침이 이뤄지는
모든 곳에 있게 하여 주소서.

가르치는 일도 사역이고 부르신 자리임을 마음에 새깁니다.
모든 교실과 강단과, 가르침이 있는 모든 곳에서
주님 영광 받아 주시옵소서.
주 예수 그리스도의 이름으로 기도드립니다. 아멘.

일상을
기도로,
기도를
일상으로

◐
집을 생각하며 드리는 기도 1

온 세상을 창조하신 하나님,
우리가 당신의 은혜 안에서
이 모든 세상 가운데 살고 있음으로 인하여 감사합니다.

돌보시는 아버지,
우리가 세상에 살면서 우리의 몸을 쉬게 하고
생활을 영위하는 집이 필요함을 아버지께서는 아십니다.
우리가 당신의 집인 이 세상 안에 거하면서도 거할 집을 찾는 것은
그것이 이 땅에서의 생존 기반이 되기 때문입니다.
하지만 아버지 하나님, 이 세상에는 탐욕으로 인해
집을 생존을 위한 기반으로 보지 않고 투기 수단으로,
재산을 불리기 위한 수단으로, 자신의 지배력을 확장하기 위한 도구로,
자신의 지위를 드러내는 수단으로 삼는 사람이 많습니다.
그로 인하여 함께 더불어 살아가야 할 땅에서
머리 둘 곳 없이 떠도는 사람들과,
집이 있으되 늘 퇴거의 불안 가운데 있는 사람들의 눈물이
넘쳐나고 있습니다.

아버지 하나님,
탐욕으로 집을 소유하고 끝없이 이를 확장해 감으로 인해

집 없는 이들의 고통이 가중되는 이 구조를 보며 기도합니다.

성도들이 먼저 탐욕적인 집 소유와

세입자들에 대한 착취 행위를 내려놓고,

교회가 먼저 집 없는 이들의 고통을 돌아보게 하여 주소서.

가진 이들이 더 많이 가지는 구조가 아니라

더불어 함께 집에 거하고 집을 나눌 수 있는 제도가 마련되도록

힘쓰고 있는 이들을 도와주소서.

정치인들이 집과 재산에 대한 사람들의 탐욕을

부채질하는 정책이 아니라

진정 함께 살아가는 공동체를 이루어 갈 수 있는

참된 정책을 제시하고 추진해 가도록 이끌어 주시옵소서.

우리를 돌보아 주시는 하나님,

이 땅의 많은 사람에게 집은 인생의 목표가 되어 버렸습니다.

집을 소유하기 위해 살고

그 집을 유지하기 위해 평생을 허비하는 어리석음에서 벗어나

하나님 나라를 일구어 가는 삶으로 나아가게 하여 주소서.

우리를 이 땅에 보내신 하나님,

이 땅 가운데 거하며 살아가는 동안

우리에게 주시는 집으로 인해 감사합니다.

하지만 그 집이 우리의 영원한 기업이요, 유산이 아님을 고백합니다.

그저 잠시 당신의 땅에서 우리가 빌려 쓰는 공간이며

우리의 소유가 아님을 고백합니다.

집에 대한 탐욕과 집착에 가까운 소유욕을 벗어 버리는 일이 쉽지 않지만

우리의 평생이 보냄 받은 삶임을 인정하면서

다만 당신을 사랑하고 이웃을 사랑하는 일에

열심을 낼 수 있게 하여 주소서.

우리의 영원한 기업과 집이 되시는

주 예수 그리스도의 이름으로 기도드립니다. 아멘.

집을 생각하며 드리는 기도 2

우리의 영원한 집이 되신 하나님 감사합니다.

우리의 피난처가 되시어 보호해 주시고,

언제나 우리를 받아 주시어

우리가 우리 자신이 될 수 있도록 은혜를 주셔서 감사합니다.

우리도 우리의 집을 보호와 안전과 사랑과

용납이 있는 곳으로 채워 갈 수 있도록 지혜를 주시옵소서.

이 땅에서 거룩한 나그네로 살며

세상 속에 있지만 세상에 속하지 않는

하나님 나라의 시민으로 사는 우리가

집을 소유하고 확장하는 것에 마음을 두지 않도록 지켜 주소서.

자족하는 마음을 주시고, 감사하는 마음을 주시옵소서.

집을 향한 끝없는 투기의 마음을 내려놓고,

그 마음을 나눔을 위한 실천으로 바꿀 수 있도록

우리를 새롭게 하여 주소서.

이기심과 질투와 과시로 채우는 집이 아니라

환대와 섬김과 사랑으로 채우는 집이 될 수 있도록 변화시켜 주소서.

주 예수 그리스도의 이름으로 기도드립니다. 아멘.

공동체로 살면서 드리는 기도

완전한 공동체이시며, 완전한 사귐이신 삼위 하나님,
우리를 공동체로 불러 주셔서 감사합니다.
사람과 사람 사이의 막힌 담을 허문 주님의 십자가로 인하여
하나 되는 기쁨을 누릴 수 있게 되었으니
이것이야말로 놀라운 기적이고 놀라운 은혜입니다.

주님, 공동체이신 삼위 하나님의 형상을 따라 지음 받은 우리는,
공동체가 아니면 온전해질 수 없음을 고백합니다.
그래서 우리가 자아의 벽을 깨고 공동체로 발돋움할수록
주님 당신을 더 깊이 알아 가고 성장해 갈 수 있음을 고백합니다.

주님, 우리 안에 공동체를 향한 열망을 심어 주신 당신께서
우리를 온전한 공동체로 이끌어 주소서.
열망은 강하지만 하나 되는 방법을 모르는 우리를 일깨워 주시옵소서.
여전히 강고한 자신의 벽과 모난 모습을 내려놓지 못하고,
자신을 주장하고 이기적으로 자신을 추구하는 우리를 변화시켜 주옵소서.

주님, 우리는 솔직함과 무례함을 구별하지 못하고
관계를 향한 탐욕과 참된 친밀감의 욕구를 구분하지 못하여,
주님이 아닌 불완전한 자아들이 중심이 되는 관계에 집착하곤 합니다.

주님, 오직 당신이 주인 되시고, 당신의 사랑과 말씀으로 하나 되는
건강한 공동체로 살게 하여 주소서.

주님, 공동체로 함께 사는 일은
서로의 민낯을 보고 일상을 만나는 일이기도 합니다.
우리가 서로의 치부를 보고 생활 속에서 부딪칠 때마다
당신의 사랑으로 용납하고 용납받는 것을 배우며,
우리를 향한 당신의 마음도 배우게 하여 주소서.
비난하기보다 기도하고, 배제하기보다 보듬는 은혜로 살게 하여 주소서.
그래서 참 공동체 안에서 당신의 사랑을 만나고
참 쉼을 얻도록 하여 주소서.

주님, 우리 공동체가 당신의 나라를 드러내는 공동체가 되게 하여 주소서.
서로 깊이 사랑하고 나눔으로
사람들이 우리 공동체의 모습을 보고 주님 당신께 영광을 돌리며,
당신의 나라를 맛보는 살아 있는 공동체가 되게 하여 주소서.
세상 속에 존재하면서도 세상에 속하지 않는
거룩한 공동체가 되게 하여 주소서.
우리 안에만 만족하는 공동체가 아니라
온 세상을 회복하시는 주님의 뜻을 수행하는
보냄 받은 공동체가 되게 하여 주소서.
제자들의 공동체를 이 땅에 남겨서 당신의 나라를 위해 일하게 하신
주님의 그 명령을 따르는 공동체가 되게 하여 주소서.
주 예수 그리스도의 이름으로 기도드립니다. 아멘.

사랑하고 섬기는 일상을 위해 힘을 구하는 기도

우리에게 모든 것을 공급해 주시는 주님,
우리가 우리 자신을 위해 재물을 구하고,
탁월한 외모나 능력을 구하기보다는
우리에게 주신 일상에서 당신의 본을 따라
섬기고 사랑하는 일을 위해 지혜와 힘을 구합니다.
몸이 힘겨워서, 정서가 고갈되어서,
사랑하고 섬기는 일에 물러서지 않도록 우리를 지켜 주시고,
끊임없이 부어 주시는 하나님 나라의 소망 가운데
당신이 주시는 힘과 지혜로 일터와 가정에서 행하게 하여 주소서.
주 예수 그리스도의 이름으로 기도드립니다. 아멘.

◑ 일상에서 하나님 나라의 공동체를 세워 가기 위한 기도

십자가를 지시고, 부활하신 주님, 당신을 사랑합니다.
당신이 열어 주시고 선물로 주신 하나님 나라를
일상에서 누리며 살아가게 하시니 감사합니다.

주님, 그럼에도 불구하고 우리의 일상과 이 시대는 비루하고
실패로 가득 차 있으며 비탄과 절망이 편만한 것처럼 보입니다.
교회 공동체의 모습도
당신이 세우신 보냄 받은 공동체의 모습을 잃어버린 채
허울 좋은 건물들과 사람들의 세력으로
변질되어 버린 모습이 얼마나 많은지요!
하지만 주님, 당신은 지금도 우리와 함께하여 주시고 우리에게 힘주시며
우리를 보내사 당신의 사명을 맡기심을 고백합니다.
당신을 사랑하는 성도들에게 먼저 그 나라와 그 의를 구하며,
실패와 무력감을 딛고 일어서서 십자가와 부활을 사는
보냄 받은 성도, 보냄 받은 공동체가 되라고 하시는
당신의 말씀을 새겨 봅니다.

주님, 우리를 이끌어 주소서.
당신과 함께 일상에서, 우리가 보냄 받은 어디에서든
당신의 나라가 드러나고 당신의 임재를 경험하는 공동체를

만들어 갈 수 있도록 이끌어 주소서.

두세 사람이 당신의 이름으로 모여 당신의 나라를 고백하는

작은 공동체들이 이 땅 가운데 꽃피울 수 있게 하여 주소서.

세상 가운데 자신의 이름을 내고

세력을 드러내며 인정받은 모습이 아니라

당신의 부르심에 따라 이름 없이 빛도 없이

하나님 나라를 사는 적은 무리로 당신께 영광을 돌리며

당신의 나라를 선물로 받고 나눌 수 있도록 우리를 이끌어 주소서.

주 예수 그리스도의 이름으로 기도드립니다. 아멘.

◐ 차별 없는 공동체로 예수 따름을 실천하기 위한 기도

하늘 보좌를 버리고 이 땅에 오셔서 십자가를 지신 주님,
당신의 십자가와 부활로 인하여
우리에게 하나님 나라를 선물로 주셨으니 감사드립니다.
또한 당신이 열어 주신 이 나라에서
남녀 차이나 신분 차이 없이 '한 백성', '한 성도'로
당신을 예배하는 공동체를 세워 주신 것에 감사드립니다.

하지만 주님, 이 나라 이 땅, 이 세상에서는
여전히 성별과 사회적 신분, 직업의 귀천, 빈부의 기준 등으로
사람을 차별할 뿐만 아니라
당신의 형상으로 지으신 존귀한 사람들을 함부로 대하는 경우가
얼마나 많은지 모릅니다.
그래서 이 나라, 이 땅에서는
차별받는 이들의 눈물과 한숨과 절규가 끊이지 않고 있습니다.

주님,
당신이 오셔서 이끌어 주신 제자 공동체와 교회를
다시 한 번 생각해 봅니다.
오직 당신 안에서 한 형제요 자매가 되어 당신을 따르고,
그러한 모습으로 세상에 도전을 준 그 모습을 생각해 봅니다.

하지만 오늘의 교회는 세상의 차별적인 모습들을
그대로 교회 안에 가져와 오히려 차별을 심화시키고
차별받는 이들을 소외시키곤 합니다.

주님, 차별하는 세상 속에서 차별 없는 공동체로
당신을 온전히 따르는 교회와 공동체들이
이 땅에서 회복되기를 원합니다.
사회적 신분과 그 어떤 요소로 인해서도 배제되지 않고
주님의 이름으로 두세 사람이 모여 당신을 예배하고
서로 배우고 돌보며 서로 존중하는 공동체들이 일어나게 하여 주소서.
세상의 정사와 권세들이,
차별의 교묘한 모습으로 영향력을 행사하는 교회들이
온전히 당신을 따르는 모습으로 회복될 수 있게 하여 주소서.
보냄 받은 일상에서 살아가는 성도들이
뼛속까지 스며든 차별의 성향과 문화를 떨쳐 내고
주님의 본을 따라 주변 사람들과 이웃들을 대할 수 있도록 이끌어 주소서.
깔보고 비웃고 낮춰 보고 배제하던 우리를 용서해 주시고,
돈과 지위와 외모 등으로 사람을 달리 대한 우리를 긍휼히 여겨 주소서.

주님, 공동체가 파괴되고
철저히 개인이 생존을 책임져야 하는 시대를 살고 있습니다.
서로간의 신뢰는 붕괴되고
경쟁 속에서 살아남기 위해 공동체를 깨뜨려야 한다는 목소리가
넘쳐나고 있습니다.

그런 가운데 사회적으로 소외된 이들, 차별받고 억눌린 이들은
더욱 희생양이 되어 이 불의한 구조를 떠받치는 역할을
강요받고 있습니다.
주님, 교회와 성도의 공동체들이
이런 정사와 권세에 저항하는 참 공동체가 될 수 있도록 이끌어 주소서.
그래서 하나님 나라를 온전히 드러내며
사람들을 살리는 공동체로 회복될 수 있게 하여 주소서.
오늘도 주님을 따르는 길을 성실히 고민하며
'함께' 일하고 살아가는 이들에게 힘을 주시옵소서.
주 예수 그리스도의 이름으로 기도드립니다. 아멘.

교회와 성도의 공동체에
은사를 선물로 주신 것을 감사하는 기도

창조주 하나님,
이 땅에 당신의 교회를 세우시고 성도들의 공동체를 세워 주시니
감사합니다.
그리고 성도들에게 "위로부터 오는" 은사들을
선물로 주신 것에 감사합니다.
사람을 돌보고, 가르치며, 위로하고, 지도하며,
말씀을 해석하고 강론하며, 전도하고 양육하는 은사들을
각 사람에게 주신 것에 감사합니다.
손발로 섬기는 일이나, 공동체의 앞과 뒤에서 섬기는 일이나,
드러나는 일이나 그렇지 않은 일이나,
우리에게 주신 당신의 은사는 당신 안에서 모두 귀한 것임을 고백합니다.
주님이 주신 아름다운 은사들로 하나님 나라를 섬기는 이들이
서로에 대해 감사하고 함께 하나님의 영광이 되는 가운데
서로를 깊이 사랑할 수 있도록 이끌어 주소서.
그래서 선물로 넘쳐나는 아름다운 교회,
선물로 충만한 아름다운 주님의 공동체가
이 세상을 섬기고 이끄는 선물의 공동체가 되게 하여 주소서.
주 예수 그리스도의 이름으로 기도드립니다. 아멘.

◐
오늘의 세상 속에 보냄 받은 교회로
발돋움하기 위한 기도

세상을 주관하시고 세상 가운데 일하시는 삼위 하나님,
온 세상과 인류를 향한 당신의 사랑과 회복의 사역에 감사드립니다.
하나님, 당신은 세상을 구하기 위해 아들을 보내시고,
그 아들의 길을 따르는 우리를 세상 가운데 보내시며
교회로 세우셨습니다.
하나님, 교회를 향한 당신의 계획을 온전히 알고 순종하기를 원합니다.

우리 자신의 만족과 야망을 위해 교회라는 조직을 세워 가고,
복음을 알지 못하는 이들의 고통에 눈감으며,
세상과 분리되어 스스로를 위해 존재하는 교회가 되지 않도록
우리를 이끌어 주소서.
복음과 무관하게 살아가는 이들이 급증하고
교회를 떠나는 이가 너무나 많아지고 있는 이때에
그저 좋은 건물을 세우고
교회 안에서만 통용되는 프로그램으로 사람들을 끌어모으려 하기보다는
사람들 속으로 겸손히 성육신하는 교회가 될 수 있도록 이끌어 주소서.
오늘의 시대와 사람들의 일상을 온전히 알기 위해 배우고
함께하는 교회가 되게 하여 주소서.
세상 속에 보냄 받아 복음을 살고 나누는 일이
교회를 세우신 당신의 뜻임을 잊지 않게 하여 주소서.

세상 가운데 나아가 하나님의 선교에 동참하기 위해
새로운 상상력과 담대한 발걸음으로,
겸손한 태도와 선지자적인 영성으로 행할 수 있도록 이끌어 주소서.
우리의 일터와 삶터에서 보냄 받은 사명으로 행하고
우리가 살아가는 지역과 여러 커뮤니티 속에서
사람들과 함께 호흡하고 공감하며 함께하면서
좋은 이웃이 되는 그런 교회가 되게 하여 주소서.

하나님, 보냄 받은 세상 속에서
우리를 어떻게 사용하시고 이끌어 주시는지
온전히 깨닫고 행하기를 원합니다. 우리에게 지혜를 주시옵소서.
교회로 행하는 모든 일 가운데 교회를 세우시고
세상 가운데 보내신 당신만이 홀로 영광 받아 주소서.
주 예수 그리스도의 이름으로 기도드립니다. 아멘.

일터 선교사를 파송하는 교회를 위한 기도

우리를 공동체로 부르신 삼위 하나님,
당신은 세상 속에서 은사와 사명에 따라 살아가는 성도들의 공동체로
교회를 세우셨음을 믿습니다.
그래서 교회는 세상 속에서 당신의 보내심을 따라 존재하고,
교회의 성도들은 각자의 일터에서 보내심을 따라 살아가는
사역자요 선교사임을 믿습니다.

우리를 보내시는 삼위 하나님, 오늘도 일터 선교사로서
일터 가운데 하나님 나라를 일구어 가기 위해 살아가는 이들이
성령 충만한 모습으로 세상과 구별되면서도
일 그 자체로 당신께 예배드리고,
함께 일하는 이들에게 예수 그리스도의 얼굴을 드러내는
거룩한 모습으로 사는 축복을 허락해 주소서.
이들을 격려해 주시고 당신과 동행하며 사역하는 즐거움을 더해 주소서.

주님, 기도합니다.
하나님의 선교는 만물에 이르고 총체적인 것이기에
타문화로 선교하러 떠나는 선교사뿐만 아니라
일터로 보냄 받는 일상의 선교사들도 파송하고 격려하며 지원하는
그런 선교적 교회가 많아지게 하여 주소서.

일터에서 일어나는 일들을
교회의 성도들이 함께 나누고 기도해 주는 것을
마치 선교사들을 위해 교회가 기도하는 일처럼 하는
그런 공동체, 그런 교회가 되게 하여 주소서.
이렇게 하나님의 선교를 이뤄 가는 공동체로 함께하는 가운데
하나님 나라가 일터에서 꽃피는 아름다운 소식을
더 많이 나눌 수 있기를 원합니다.
오직 하나님 당신의 선교에 동참하기 위해
모이고 흩어지는 교회가 되기를 원합니다.

오늘도 일터에서 당신을 찬양합니다.
우리의 예배를 받아 주시고
한마음으로 당신의 선교에 동참하는 이 땅의 교회가
일상 속에서 드리는 예배를 받아 주소서.
주 예수 그리스도의 이름으로 기도드립니다. 아멘.

◐
보냄 받은 자리에서 홀로 살아가며 드리는 기도

우리와 함께하시는 주님,

당신이 보내 주신 자리에서 소명의 삶을 살아갈 때

우리를 이끌어 주소서.

당신이 없는 것처럼 보이는 일터와 세상 속에서

믿음의 형제자매들과 떨어져서

홀로 살아 내야 하는 시간이 참 많습니다.

하나님 나라의 이야기는 희미해지고,

무엇을 위해 살아가야 할지, 어떻게 살아야 할지 방향을 잃은 채

세상의 거대한 흐름 속에서 떠내려가곤 하는 우리입니다.

주님, 홀로 살아가야 할 때

우리 안에 계신 성령님께서 끊임없이 말씀하시는 진리 안에 거하고,

우리가 선 이곳이 보냄 받은 소명의 자리임을

새롭게 느끼며 살 수 있도록 이끌어 주소서.

흩어진 교회들을 위해 기도하고,

당신의 나라를 위한 아름다운 이야기들이

이 땅 구석구석에서 펼쳐질 수 있도록

중보하는 일상이 되게 하여 주소서.

주님, 우리가 보냄 받은 자리에 홀로 있을 때 우리를 이끌어 주소서.

지혜와 인내와 즐거움과 새 힘을 더해 주소서.

주 예수 그리스도의 이름으로 기도드립니다. 아멘.

일상에서 제자리를 성실히 지키는 삶을 위한 기도

하늘 보좌를 버리고 이 땅에 오셔서
보냄 받은 십자가의 길을 묵묵히 가신 주님,
오늘도 당신의 성실한 걸음을 생각하며 기도합니다.
영광스러운 자리, 권력과 명예가 따르는 자리,
이름을 드러내고 영향력을 발휘할 수 있는 자리를 모두 거부하시고
오직 보냄 받은 바 종의 자리, 십자가를 지는 죄인의 자리를
묵묵히 걸어가신 주님,
당신의 그 모습을 생각하면 한없이 부끄러워집니다.
보냄 받은 일상에서 묵묵히 당신을 따르며 열매 맺는 삶을 살기보다
주목받고 높아지고 부유해지고 잘나가기를 구하는 우리의 모습을
불쌍히 여겨 주소서.
성실히 제자리를 지키기보다 주변의 성취와 업적에 더욱 관심을 가지고,
정작 우리가 감당해야 할 일을 놓쳐 버리는 어리석음에서
벗어날 수 있도록 우리를 이끌어 주소서.
이름 없이, 빛도 없이 섬기며,
혹시 그 가운데 칭찬받을 만한 일이 있으면
온전히 주님께 영광을 돌릴 수 있는 마음을 허락해 주소서.
어떻게 하면 열매를 취하고 배부를 수 있을까 염려하기보다
사계절을 묵묵히 버티며 성실하게 열매를 맺는 나무처럼
그렇게 작은 열매라도 맺을 수 있는 삶이 되기 위하여

애쓸 수 있기를 원합니다.
주님, 오늘도 '나 자신'을 위해 살아가지 않고
먼저 그 나라와 그 의를 구하는 삶이 되기를 원합니다.
주 예수 그리스도의 이름으로 기도드립니다. 아멘.

일상을
기도로,
기도를
일상으로

동행하는 삶을 위한 기도

우리 안에 거하시고, 우리의 친구가 되어 주시는 주님,
당신과 동행하며 살 수 있게 하여 주셔서 감사합니다.
당신의 음성을 들으며
당신과 이야기할 수 있게 하여 주셔서 감사합니다.
기도를 들으시고 응답하시며,
성경을 선물로 주셔서 우리 인간의 언어로
당신의 뜻과 계획을 알려 주시니 감사합니다.
영원하고 충만한 교제 가운데 매일 새롭게 초대하여 주시니
또한 감사합니다.

주님, 분주하고 정신없는 일상에서,
수많은 필요와 과제가 아우성치는 삶의 현장에서,
우리의 눈과 귀를 사로잡는 숱한 이미지와 소리들 속에서
당신의 사랑 어린 눈빛을 보고, 당신의 세미한 음성을 들으며,
당신의 뜻과 계획 가운데 당신이 베푸시는 나라를 누리고
당신과 동행하는 영원한 생명으로 충만하게 하여 주소서.

주님, 보냄 받은 현장 속에서 동행하는 친구들과,
성령께서 하나 되게 하신 공동체로 인해 감사합니다.
마음과 마음으로 함께할 수 있도록 우리를 붙들어 주소서.

깨어지고 부서진 세상 속에서 당신과 동행하며,
또 서로 동행함으로 놀라운 하나님 나라를 누리고
나누며 살 수 있게 하여 주소서.

오늘도 내일도 당신과 동행하기를 원합니다.
함께하는 친구들과 동행하는 즐거움을 누리기를 원합니다.
우리와 함께하시고 친구가 되어 주시는
주 예수 그리스도 당신의 이름을 의지합니다.
주 예수 그리스도의 이름으로 기도드립니다. 아멘.

일상을
기도로,
기도를
일상으로

함께 공부하는 공동체를 위한 기도

모든 지식의 주인이신 창조주 하나님,
당신의 형상을 따라 지식을 탐구하고
학문을 통해 창조의 일들을 누리고 행하게 하여 주셔서 감사합니다.
하나님, 당신의 세계에서 살면서
겸손히 당신의 지혜를 찾아가는 사람들을 세워 주셔서 감사합니다.

학문을 하고 지식을 탐구하는 일이 자신을 충족하기 위한 일이 아니라
세상 속에서 보냄 받은 사명을 다하는 일이 될 수 있도록
공부하는 이들을 이끌어 주소서.
때로는 이웃을 돕는 일로, 함께 살아가는 공동체를 형성하는 일로,
사람과 사람을 이해하고 화해를 만들어 가는 일로
학문이 사용될 수 있도록 인도해 주소서.
이 일을 위해 마음을 모으고
함께 공부하는 공동체를 만들어 가는 이들이 있습니다.
척박한 학문의 환경 속에서, 급변하는 세계의 정황 속에서,
지식의 연대를 통해 당신의 나라를 섬기는 이들의 삶과 공동체를
온전히 붙들어 주소서.
서로를 격려하고 즐거워하며 탐구의 공동체를 이뤄 가고,
때로는 서로에 대해 진심 어린 비판과 우정 어린 견제로
진정성 있는 학문 공동세를 민들이 갈 수 있게 하여 주소서.

하나님, 평생에 걸쳐 생의 의미를 탐구하고
일상의 구체적인 문제들을 사유하고 성찰하고자 하는
이들의 모임 속에서도
세상 가운데 이미 일하고 계신 당신의 손길을 봅니다.
이 모든 일을 통해 당신의 나라가 풍부하게 드러나기를 소망합니다.

창조주 하나님, 지혜의 주 성령님,
오늘도 책을 넘겨보고 토론장에 서며 독서모임 가운데 행할 때,
글을 쓰고 공부하는 동료들을 만날 때
당신을 더욱 알아 가고 기뻐하며 당신께 영광 돌려 드립니다.
주 예수 그리스도의 이름으로 기도드립니다. 아멘.

◐ 더불어 함께 살아가며 드리는 기도

완전한 공동체로 온전한 사귐을 보여 주시는 삼위 하나님,
하나님의 형상대로 지음 받은 우리 역시
다른 이들과 더불어 살아가며 공동체를 이룰 때
온전해질 수 있음을 고백합니다.
하지만 하나님, 끝없이 자기 자신을 주장하고
타자의 존엄을 인정하지 못하는 우리의 모습을 봅니다.
서로의 차이를 받아들이지 못해서 갈등하고 반목할 수밖에 없는
우리의 한계를 절감합니다.

그럼에도 불구하고 우리를 공동체로 불러 주신
주님의 놀라운 은혜를 생각해 봅니다.
우리가 외롭게 홀로 살아가지 않고
함께 살 수 있도록 이끌어 주신 그 은혜를 생각하며 감사드립니다.
예수 그리스도의 십자가와 부활로 모든 막힌 담을 허물어 주시고,
하나 되게 하시는 성령님의 역사하심으로 우리를 묶어 주시며,
아버지 하나님의 나라를 함께 바라게 하시니 감사합니다.

하나님, 하지만 우리가 살아가는 이 세상은
공동체가 깨어지고 더불어 살아가는 삶이 무너져 버린
척박한 공간이 되어 버렸습니다.

팍팍한 생활 속에서 치열한 경쟁에 내몰리고,

연약하고 실패한 이들을 돌보며 함께 살 길을 찾기보다는

서로의 삶에 무관심하고, 이웃의 고통에 질끈 눈감아 버리는

각자도생의 모습이 편만합니다.

또 한편으로는 공동체를 운운하고 강조하면서도

정작 사람들을 착취하고 거짓으로 위로하며

조직 자체를 배불리기에 급급한 거짓 공동체가 얼마나 많은지 모릅니다.

심지어 교회조차도 주님의 피 값으로 세운 공동체의 본질을 잃어버린 채,

허우대만 멀쩡한 건물을 자랑하고

사람들의 세력 다툼으로 변질되어 버렸습니다!

오, 하나님, 이러한 상황 속에서 고통 받고 실망하며 좌절하고 있는

주님의 백성을 긍휼히 여겨 주시옵소서.

하나님, 그럼에도 불구하고 성도들을 깨워 주시고

서로를 귀하게 여기는 사람들을 보내 주셔서 감사합니다.

함께 살아가는 즐거움을 일깨우고

새로운 상상력을 불러일으키는 이들로 인하여 감사합니다.

하나님 나라의 가치를 담아내면서 관계를 세워 가고

구조와 내용을 만들어 가는 이들, 세상 속에서 연대하는 이들을

만나게 해주셔서 감사드립니다.

함께 일하고, 함께 주거를 공유하며, 함께 아이들을 키우고,

함께 마을 공동체를 만들며, 함께 교회를 이루는 이들 속에서

주님이 기뻐하시는 것을 느낍니다.

주님께 간절히 구하오니,
거대한 자본주의 체제의 강고한 구조 속에서도
하나님이 주시는 자유로움과 지혜로 행할 수 있도록 이끌어 주소서.
깨지고 어그러진 세상 속에서,
수많은 모순과 죽음이 난무하는 현실 속에서,
정사와 권세가 인간의 삶을 피폐하게 하는 그런 세상 속에서
오히려 생명과 평화와 사람다움으로 도전할 수 있도록 도우소서.
때로는 함께 살아가는 일이 불편하고 어려우며
의심과 오해로 마음 상하는 일도 있지만,
세상 속에서 동역하시는 삼위 하나님을 바라보며
날마다 새로워질 수 있게 하소서.

하나님, 오늘도 우리 곁에 함께하는 사람들을 허락해 주셔서
감사드립니다.
주님의 원대한 구원 계획 가운데
교회와 공동체를 세우신 그 지혜와 경륜을 찬양합니다.
주님이 펼쳐 내시는 놀라운 이야기 속에서,
공동체를 이루어 살아가는 우리의 이야기가
좋은 향기를 내는 꽃으로 피어나리라 믿습니다.
영원하고 완전하신 예수 그리스도의 이름으로 기도드립니다. 아멘.

환대의 영성을 위한 기도

우리를 은혜로 맞이해 주시고
넘치도록 풍성한 것들로 채워 주시는 주님,
주님의 너른 품속에서 안식하게 하여 주시니 감사합니다.
주님, 우리 마음도 주님의 마음처럼 넉넉한 사랑으로 채워져서
우리의 친구들과 이웃들, 그리고 사랑과 은혜가 필요한 사람들에게
활짝 열린 삶이 될 수 있게 하여 주소서.
우리의 시간과 가진 것들을 나누고
우리의 공간으로 사람들을 온전히 맞이하면서 우리 자신을 나눌 때
환대의 기쁨을 누릴 수 있게 하여 주소서.
그래서 이런 환대의 경험을 통해
우리의 친구들과 더 깊은 사귐을 누리고,
이웃들에게 주님의 사랑을 전하며,
사람들에게 하나님 나라의 풍성한 교제를 선물하는
놀라운 복을 누리게 하여 주소서.
우리를 즐거워하시고 아낌없이 자신을 주신 주님을 따라
오늘도 그렇게 살 수 있게 하여 주소서.
주 예수 그리스도의 이름으로 기도드립니다. 아멘.

믿음의 공동체를 위한 기도

교회의 머리이신 주님,
이 땅의 교회와 주님의 이름으로 모이는 공동체가
믿음의 공동체가 될 수 있도록 이끌어 주소서.
입술로 '주여, 주여' 외치고 종교 활동을 하기에
믿음의 공동체가 되는 것이 아니라,
세상 속에서 신실하게 당신을 따라가는
참 믿음의 공동체가 되게 하여 주소서.
세상의 불의와 타협하고 세상의 체제에 순응하며 복음을 희석시켜
고난 받지 않고 제도화되어 버린 교회를 회복하여 주소서.
세상 속에서 참된 거룩을 추구하고, 말씀을 제대로 선포하며,
먼저 희생하고 낮은 자리에 임하여 세상에 도전하는
믿음의 공동체를 세워 주소서.
주 예수 그리스도의 이름으로 기도드립니다. 아멘.

속물근성을 벗고 예수 그리스도를 옷 입는 삶을 위한 기도

완전하신 주님,
인간의 몸으로 세상 속에서 사셨지만
권력과 교만의 유혹을 이기시고 자신을 위한 이익 취하기에
굴복하지 않으신 당신을 생각합니다.
스스로 높아지려 하지 않으시고 자기를 비워 낮아지는 길을 가시고,
겉과 속이 다른 거짓을 밝히시며,
오직 아버지의 뜻에 따라 진실 되게 행하신 당신을 바라봅니다.
주님, 뿌리 깊은 나무처럼 푸르른 당신을 오늘도 바라보면서
매일 당신의 모습을 닮아 가고자 하는 열망과 진실함으로
우리를 채워 주소서.
온몸에 덕지덕지 붙어 있는 속물근성을 벗고
오직 주님 당신으로 옷 입는 삶이 되게 하여 주소서.
우리가 당신의 손을 잡고 당신의 온 존재에 접붙임 받아
당신에게서 모든 것을 공급받음으로
더욱 생명력이 넘치게 하여 주소서.
그래서 그 넘치는 생명력으로
세상에 물든 우리가 새로운 생각과 언어와 행위로
충만한 일상을 누릴 수 있게 하여 주소서.
주 예수 그리스도의 이름으로 기도드립니다. 아멘.

☽ 길을 걸으면서 드리는 기도

길이요 진리이신 주님,

오늘도 우리 삶에 참 길을 열어 주시고,

온 세상이 가야 할 길을 보여 주시니 감사합니다.

주님, 두 발로 길을 걸으면서 기도합니다.

빠르게 갈 수는 없어도 한 걸음 한 걸음을 성실히 놓아가면

우리가 가야 할 곳에 도달할 수 있음을 믿기에

평안한 마음으로 길을 갑니다.

빠른 자동차 안에서는 보지 못한 낯선 사물들이 눈에 들어오고,

우리 이웃들의 삶이 보입니다.

주님께서 창조하신 자연의 신비를 호흡하고

계절과 일기의 변화도 온몸으로 느낍니다.

단지 천천히 걸었을 뿐인데 새로운 세계가 열리고 오감이 열립니다.

주님, 속도와 결과를 중시하는 세상 속에서

때로는 천천히 걸으면서 당신의 나라를 한 발 한 발 느끼고

하늘을 호흡할 수 있도록 이끌어 주소서.

우리의 일상에서 동행하시는 주님 당신의 걸음과

보조를 맞추며 살아가는 즐거움을 누릴 수 있게 하여 주소서.

주 예수 그리스도의 이름으로 기도드립니다. 아멘.

일상을
기도로,
기도를
일상으로

겨울

추위를 이기며
서로를 보듬는 계절

나를 넘어서서 기도하는 삶을 위한 기도
깨어 있는 지성을 위한 기도 · 거듭난 눈을 위한 기도
일상에서 하나님 나라를 노래하는 상상력을 구하는 기도
마무리를 생각하면서 드리는 기도 · 연말의 분주함 속에서 드리는 기도
평가를 앞두고 드리는 기도
기술 혁명 시대를 살아가면서 드리는 기도
정보 사회를 살아가면서 드리는 기도
뉴스를 보면서 드리는 기도 1 · 뉴스를 보면서 드리는 기도 2
언론을 위한 기도 · 갑을 관계 안에서 드리는 기도
대통령 선거일을 앞두고 드리는 기도
대통령 선거를 위한 기도 · 대통령 취임일에 드리는 기도
곡성으로 가득한 세상 속에서 하나님 나라의 정의를 구하며 드리는 기도
정의를 구하며 드리는 기도
거짓과 교만과 두려움을 걷어 내고 진실이 드러나기를 구하는 기도
진실을 구하는 기도 · 외모 중심의 세상 속에서 드리는 기도
위기와 적대적인 환경에서 하나님의 구원을 노래하는 기도_ 시편 3편
일자리를 위한 기도
일터로 향하며 드리는 기도_일하는 이들과 일하기를 원하는 이들을 위한 기도
실업 중인 이들을 생각하면서 드리는 기도
일하는 사람들이 존중받는 세상을 위한 기도
노동자들을 위한 기도 · 노동자의 권리를 위한 기도
여성에 대한 차별과 혐오와 배제가 만연한 세상 속에서 드리는 기도
다름을 인정하며 함께 살아가는 세상을 위해 드리는 기도
불의와 고통의 시대를 살아가는 믿음을 위한 기도
일상화된 폭력에 대한 기도 · 아이들의 안전을 위한 기도
환자와 의료진을 위한 기도 · 질병을 마주하며 드리는 기도
죽음을 생각하며 드리는 기도 · 가난과 나눔을 생각하면서 드리는 기도
이웃을 위한 자리를 만들기 위한 기도
성탄절에 드리는 기도 · 송구영신의 때에 드리는 기도
온 세상 모든 나라의 주인이신 주님을 의지하며 드리는 기도_ 시편 2편
다른 길을 걸으며 드리는 기도

나를 넘어서서 기도하는 삶을 위한 기도

온 세상의 주인 되신 주님,
오늘도 모든 세계 만물을 다스리시는
당신의 주권을 묵상하며 찬양합니다.
주님, 당신께 기도드리는 우리는 이 우주 가운데 참 작은 존재이지만
기도를 들으시는 당신은 위대하고 크신 분이십니다.
당신의 다스리심은 열국 위에 있고,
당신의 정의로우신 심판은 역사를 관통하며,
당신의 돌보심은 천지의 움직임부터 우리 한 사람 한 사람,
그리고 눈에 보이지 않는 생물까지 미칩니다.

주님,
오늘도 일상의 현장에서 온 세상의 주인이신 당신께 기도드립니다.
우리 자신의 현실로부터 당신께 아뢰는 기도를 들어주시니 감사합니다.
하지만 당신께 나아가 기도할수록 당신의 마음이 품고 계신
온 세상, 온 인류를 향한 기도로 나아가게 됨을 고백하게 됩니다.
우리의 작은 세계를 넘어, 나를 향한 관심과 필요를 넘어,
당신의 나라와 당신의 정의와 온 세계를 향한 계획을 만나게 됩니다.
불의가 횡행하고 정의가 굽어진 것에 대한 당신의 분노를 느끼게 됩니다.
전쟁과 질병과 폭력 속에서 고통당하는 이들에 대한
당신의 타는 마음을 품게 됩니다.

주님, 우리가 일상 속에서 기도할 때

우리가 살아가는 생활 속으로만 들어가지 않고

우리를 둘러싼 현실과 체제와 구조를 품고

기도할 수 있는 마음을 허락해 주소서.

기도의 지평이 넓어지도록,

기도 가운데 우리를 향한 부르심과 세상을 향한 책임에 눈뜰 수 있도록

우리를 이끌어 주소서.

주님,

세상을 향해 일부러 눈감던 모습을 회개합니다.

기도하면서 헌신하지 않던 모습을 돌이킵니다.

기도의 자리에서 참된 삶의 자리로 나아가지 않던 완고함을 고백합니다.

우리가 우리 자신을 주장하는 행위를 기도로 착각하지 않고

더욱 당신의 마음을 알아 가고 당신의 뜻에 따라 행하는

기도의 삶으로 자라게 하여 주소서.

주님, 오늘도 기도를 가르쳐 주소서.

주 예수 그리스도의 이름으로 기도드립니다. 아멘.

◐

깨어 있는 지성을 위한 기도

우리에게 지성을 주신 하나님 아버지 감사합니다.
마음과 뜻과 정성을 다하여
하나님 당신을 사랑하라는 명령을 기억합니다.
오늘을 살아가는 성도들이
당신을 지성으로도 사랑할 수 있도록 이끌어 주소서.

매일 우리가 보고 접하는 정보와 이미지들이 우리의 상상력을 사로잡고,
돈과 권력과 섹스로 표상되는 우상에서 벗어나지 못하게 합니다.
하나님 아버지, 우리의 지성을 텔레비전과 인터넷의 무분별한 정보에
무방비로 노출시키지 않는 지혜를 허락해 주소서.
많은 정보를 접하고 소화하고 세상을 알아가야 하지만
그 안에서 제국적 상상력이 아니라
하나님 나라의 상상력으로 살 수 있도록 지혜를 주시옵소서.
이를 위해 공부하고 연구하고 깨어 있는 일에 게으르지 않도록
우리를 이끌어 주소서.
우리의 일상이 마음과 뜻을 다하여
당신을 사랑하는 발걸음이 되도록 인도하여 주소서.

하나님 아버지, 믿음의 눈으로 세상을 바라본다는 것이
지성과 사고를 잠재우는 일이 아님을 고백합니다.

오히려 당신이 주신 지성으로 세상을 온전히 바라보고,

세상 속에서 일어나는 일의 참 의미를 분별하며,

감추어진 정보들과 왜곡된 사실들 속에서 진실을 분별해 내고,

이를 통해 오늘을 살아가는 성도의 사회적 책임을

온전히 감당해 낼 수 있도록 이끌어 주소서.

말씀 안에서 살아 있는 지성을,

시대 안에서 깨어 있는 지성을

우리와 이 땅의 교회에 허락해 주시옵소서.

주 예수 그리스도의 이름으로 기도드립니다. 아멘.

거듭난 눈을 위한 기도

빛을 창조하여 주시고 그 빛을 통해 온 세상을 볼 수 있도록
우리에게 눈을 허락해 주신 창조주 하나님, 감사드립니다.
우리가 당신의 빛 안에서 바라보는 창조 세계는
얼마나 아름답고 신비한지요!
당신이 베풀어 주신 모든 아름다운 자연과 사람들로 인하여
당신을 찬양하고 노래합니다.
하나님, 우리의 눈을 열어 아름답고 보배로운 창조 세계를 보고,
당신의 빛 안에서 우리에게 주신 은사들로
당신의 창조 세계를 아름답게 가꾸어 갈 수 있도록
우리의 눈을 빛나게 하여 주소서.
하나님, 또한 간구합니다. 우리의 눈을 늘 맑혀 주셔서
왜곡되고 굴절된 모습으로 세상을 바라보지 않도록 이끌어 주소서.
안목의 정욕으로 인해 죄 가운데 거하지 않도록 우리를 붙들어 주소서.
우리가 보는 것이 우리의 생각과 행동을 좌우하는 경우가 많습니다.
우리의 눈을 주관하여 주소서.
빛 되신 주님, 거룩하신 하나님,
우리의 눈이 죄로 흐려지지 않도록 지켜 주소서.
십자가의 피로 깨끗해지고 새로워진 거듭난 눈이 될 수 있도록
이끌어 주소서.
수 예수 그리스도의 이름으로 기도 드립니다. 아멘.

◐ 일상에서 하나님 나라를 노래하는 상상력을 구하는 기도

온 세상을 다스리시는 하나님,
부정과 불의가 만연하고,
전쟁과 질병과 기근의 소식이 도처에서 들려오며,
파괴된 자연 세계의 신음소리가 들려오는 가운데
소비주의와 먹고 사는 문제로,
일상의 무게로 마비되어 버린 우리를 깨워 주셔서
당신의 나라를 노래하는 상상력으로
일상을 살 수 있도록 이끌어 주소서.
주 예수 그리스도의 이름으로 기도드립니다. 아멘.

마무리를 생각하면서 드리는 기도

처음과 끝이 되시는 하나님,
역사의 처음과 끝도, 우리네 인생의 처음과 끝도
당신의 손안에 있음을 고백합니다.
우리에게 모든 처음을 허락해 주신 당신이
우리의 마침도 주관하신다는 이 사실이 얼마나 감사한지요!

하나님, 올해도 이제 마감을 향하여 달려갑니다.
일터에서는 한 해를 결산하는 시간을 가지고,
학교 수업은 종강을 하고, 송년 모임도 하나둘 생겨납니다.
올해도 마무리를 잘 해야겠다는 바람을 가져 봅니다.

하나님, 우리의 일상에서 마무리하는 일은
정말 중요하다는 생각을 문득 하게 됩니다.
처음 일을 시작할 때에는 마무리를 생각하며 지혜롭게 일하는 것이
정말 중요하다는 것을 많이 경험합니다.
그래서 마무리를 생각하지 않고 행하는 일들은
실패할 가능성이 많다는 교훈도 얻게 됩니다.
하지만 마무리에 대한 두려움으로
시작도 하지 않는 어리석음에 빠지지 않고,
담대히 시작하는 모험도 믿음 안에서 할 수 있도록 이끌어 주소서.

우리 안에 성령께서 주시는 좋은 생각들을
두려움 가운데 놓아 버리지 않고
일터에서, 가정에서, 교회에서 하나님 나라를 일구어 갈 때
사랑과 믿음으로 한 걸음을 내딛게 하여 주소서.

하나님, 한 해를 잘 마무리할 수 있게 하여 주소서.
후회와 아쉬움으로 허송하지 않고
당신의 신실하신 인도와 도우심과 주신 열매들에
감사하는 연말이 되게 하여 주소서.
올해를 시작하게 해주신 당신이
지금까지 우리에게 생명을 주시고
은혜를 베푸심에 감사할 수 있도록
우리 마음을 회복하여 주소서.
얼마 남지 않은 마무리 기간에
회복해야 할 관계와 힘써야 할 사역들을
잘 감당할 수 있게 하여 주소서.

매 순간 우리가 무의식적으로 반복하는 시작과 마무리,
곧 하루의 시작과 마무리, 한 시간 수업의 시작과 마무리,
회의의 시작과 마무리, 한 업무의 시작과 마무리,
입학과 졸업, 입사와 퇴사 가운데
당신의 은혜와 신실하심을 기억할 수 있는 마음을 주소서.
그리고 우리 삶에서 늘 있게 마련인
잘못된 마무리, 아쉬운 마무리가 반복되지 않도록

마무리에도 헌신하는 신실함을 배우게 해주소서.
만남이 소중한 것처럼 이별을 위해서도 헌신하고,
입사가 소중한 것처럼 퇴사하는 일에도 최선을 다해
잘 마무리하길 원합니다.
작은 일일수록 잘 마무리하는 성실함으로 살길 원합니다.

시작과 끝이 되시는 하나님,
영원까지 신실하신 당신을 따라 우리도 신실하게 일하고,
신실하게 사랑하며, 신실하게 섬기는 이들이 되게 하여 주소서.
이 모든 말씀, 우리의 본이 되시고
영원 전부터 영원까지 우리와 함께하시는
주 예수 그리스도의 이름으로 기도드립니다. 아멘.

◐
연말의 분주함 속에서 드리는 기도

새날을 열어 주시는 창조주 하나님,
한 해가 마무리되어 가는 연말에
당신이 선물로 주신 시간들을 생각합니다.
시간의 주인이신 당신께서 우리에게 허락하신 소중한 시간들 속에서
호흡하고 일하며 사랑하고 누리게 하신 것을 감사드립니다.

하나님, 성탄절이 다가오고 송구영신의 시간이 다가오는 요즘이지만
우리의 일상은 분주하기만 합니다.
직장마다 일터마다 연말 결산과 점검으로 가장 바쁜 시기이고,
여러 연말 모임과 행사도 챙겨야 하기에
우리 마음은 여러 갈래로 나뉘어 있습니다.
하나님 아버지, 분주함 속에서 평안을 누리는 연말이 되도록
우리를 이끌어 주소서.
온 세상을 위하여 오신 예수님의 성육신과 십자가,
그리고 부활을 기억하고,
그를 통해 열어 주신 당신의 나라를 생각하면서
감사하는 시간들이 되게 하여 주소서.
우리에게 충만한 감사와 지혜를 주셔서
우리에게 맡겨진 일들을 잘 마무리할 수 있도록 이끌어 주소서.
분주함과 마음의 피폐함 속에서

사랑하고 돌아보아야 할 가족과 이웃들을 돌보지 못하고
후회하지 않도록 우리를 이끌어 주소서.
한 해 동안 보냄 받은 곳에서 맺은 열매들로 감사의 예배를 드리고,
겸손히 자신을 돌아보면서 무릎 꿇는 자리로 나아갈 때
한없는 자비와 위로로 함께하여 주소서.

어제도, 오늘도, 내일도 우리의 하나님이 되시는 창조주 하나님,
당신께는 천 년이 하루 같음을 고백합니다.
그럼에도 불구하고 미세한 시간 속에서
매 순간을 살아가는 우리와 함께하시며
우리를 원대한 당신의 이야기에 참여하게 하여 주시니 감사합니다.
오늘도, 내일도 당신의 놀라운 이야기 안에서 경탄하고 기뻐하며,
보냄 받은 자리에서 당신의 이야기를 써 나가는
살아 있는 이야기들이 되게 하여 주소서.
주 예수 그리스도의 이름으로 기도드립니다. 아멘.

◐ 평가를 앞두고 드리는 기도

공의와 사랑의 하나님, 심판자이시며 구원자이신 주님,
인생의 중요한 단계마다,
일상과 일터의 현장 속에서 수많은 평가 앞에 설 때,
최선을 다하며 열매를 구하는 겸손함으로,
후회가 아닌 반성으로,
염려가 아닌 기도로 행할 수 있도록 이끌어 주소서.
눈앞의 평가에 연연하여 그것에만 매몰되지 않게
우리 눈이 늘 하늘을 바라볼 수 있도록 이끌어 주시고,
인생의 전체 여정을 조망할 수 있도록,
무엇보다 주님 당신 앞에 설 날을 생각할 수 있도록 지혜를 주시옵소서.
그리고 주님, 평가에서 성공하는 일이 전부가 아니라 사랑하는 일이,
그리고 보냄 받은 자리에서
당신을 기뻐하고 즐거워하며 영화롭게 하는 일이
우리의 사명이자 기쁨임을 늘 고백하며 살 수 있도록 이끌어 주소서.
주 예수 그리스도의 이름으로 기도드립니다. 아멘.

기술 혁명 시대를 살아가면서 드리는 기도

창조주 하나님,
우리에게 창조의 능력을 주셔서 새로운 기술을 개발하고
그 기술로 세상을 새롭게 창조하며 사람들의 삶을 개선하고
이웃들의 복지를 위해 사용할 수 있도록 하여 주셔서 감사합니다.

하나님, 이전에는 상상하기 힘든 일들이
기술의 발달로 눈앞에서 현실이 되는 것을 보고,
매일 눈을 뜰 때마다 새로운 기술의 등장을 목도하며
생활 구석구석에서 기술을 만나는 기술 사회 가운데 기도드립니다.
기술이 단순한 도구가 아니라
우리가 생각하고 말하며 사람들을 만나고 일하며
생활을 영위하는 모든 방식에 영향을 주고 있음을 고백합니다.

주님, 너무나 빠르게 변화하는 기술 앞에서
때로는 정신을 차리기 힘들고,
거대한 변화의 양상을 제대로 이해하기 어려울 때도 많습니다.
하지만 온갖 기술로 둘러싸여 있는 가운데서도 깨어 있어서
온전히 행할 수 있도록 우리를 이끌어 주소서.
하나님 당신을 예배하고
당신의 형상으로 지음 받은 사람들을 존중하고 돕는 방향으로

기술의 발전을 이끌 수 있도록 우리에게 지혜를 주소서.

사람이 배제되고 돈과 권력에 조종되는 기술,

기술 발전 자체가 우상이 되는 그런 기술,

효율과 이익을 위해

인권과 약자에 대한 배려나 윤리가 무시되는 기술을 제어하는

용기와 지혜와 경각심을 잃어버리지 않도록 이끌어 주소서.

기술 혁명의 과실이 독점되지 않고 사람들에게 잘 분배되며,

사람들의 삶의 터전을 잘 보듬는 가운데 기술 발달이 이루어질 수 있도록

마음을 모으고 연대할 때 특별한 은혜를 허락해 주소서.

사랑과 정의와 진리가 기술 혁명 시대에도 온전히 살아 숨 쉬도록

역사하여 주소서.

이를 위해 애쓰고 힘쓰는 이들의 손을 붙들어 주소서.

주 예수 그리스도의 이름으로 기도드립니다. 아멘.

정보 사회를 살아가면서 드리는 기도

우리에게 복된 소식으로 오신 주님,

주님의 이야기에 늘 눈을 열고,

귀를 기울이는 우리가 될 수 있게 하여 주소서.

우리의 눈과 귀와 오감을 사로잡는 수많은 정보 속에서

당신의 이야기를 분별하고,

사람들의 삶의 이야기에 대한 사랑 어린 관심을 개발하며,

세상에 대한 당신의 관심을 공유하고 소통할 수 있는 지혜를 주시옵소서.

정보화가 주는 기회와 가능성에 감사하면서도

정보화가 가지고 있는 한계와 위험도 분별할 수 있는

분별의 영성을 허락해 주시옵소서.

늘 가상의 현실과 실제의 현실 가운데

건강한 균형을 이루게 하여 주시고,

정보 매체를 통해 복음을 나누는 사역에 힘쓸 뿐만 아니라

특히 현실 세계에서 삶의 증거로 복음을 나누는 일에도 힘쓰는

우리가 되게 하여 주소서.

그리고 정보화가 주는 복잡한 삶에 우리 자신을 방치하지 않고

주님께 온전히 드리는 빈 공간을 만드는 단순한 삶으로

우리를 이끌어 주시옵소서.

주 예수 그리스도의 이름으로 기도드립니다. 아멘.

뉴스를 보면서 드리는 기도 1

왕이신 하나님, 다스리시는 주님,
성도들의 삶 가운데 계신 주님의 이름으로 기도드립니다.
오늘도 우리 성도들의 삶 속에서
하나님 나라의 백성으로 살기 위한 변화가 있어야 함을 상기하며
주님 당신이 걸으신 그 길을 다시 한 번 생각합니다.

가장 복된 소식이 되신 주님,
뉴스를 보면서 '나'와 관계된 좁은 생활 영역을 넘어
더 너른 시각으로 오늘을 바라봅니다.
그리고 이 모든 뉴스를 주관하시는 하나님 당신을 봅니다.
일상생활의 영성을 강조하고 생각하며 생활 신앙을 살아 내는 일에는
우리의 작고 소소한 일상에서 당신의 주 되심을 인정하는 것이
정말 중요함을 느낍니다.
하지만 이렇게 하면서 자칫 당신의 주권을
우리의 작은 일상에서만 인정하거나
사적인 영역에서만 고백하는 모습에 빠질까 두렵습니다.
당신은 온 세상의 하나님이시고
당신의 나라를 일상에서 고백하는 일은
정치, 경제, 사회 전반에서도 온전히 이뤄져야 하는 일임을
다시 한 번 마음에 새깁니다.

주님, 성도들이 일상 가운데 하나님의 통치를 인정하고 확인하면서
또다시 '나'의 하나님, '나'의 생활만 바라보지 않게 하여 주소서.
뉴스를 보면서 기도하며
하나님 나라를 바라보는 성도들이 일어나게 하여 주소서.
출근길에 뉴스를 보면서 기도하는 이가 많아지게 하여 주소서.
교회가 권력을 얻으려는 목적으로 정치에 편승하거나
단지 그리스도인이라는 이유만으로 특정인을 지지하는
하나의 이익 집단으로 정치에 관여하는 것이 아니라
공의로우신 하나님의 통치를 선포하고
이 땅 가운데, 일상 가운데 산재한 불의와 고통을 부여잡고 기도하며
진정한 의미에서 '일상, 하나님의 나라'를 외칠 수 있게 하여 주소서.

왕이신 하나님, 다스리시고 통치하시는 하나님,
정치라는 일상이 온전해지지 않아서
많은 이가 고통 받은 역사를 돌이켜 봅니다.
정치권력을 세우시는 분도, 역사를 주관하시는 분도
당신이심을 고백합니다.
이 지구상에 사는 당신의 백성들을, 피조물들을 불쌍히 여겨 주시고,
오직 공의로우신 당신의 통치 안에서 사는
참된 복지를 누릴 수 있게 하여 주소서.
왕 되신 주 예수 그리스도의 이름으로 기도드립니다. 아멘.

뉴스를 보면서 드리는 기도 2

세상과 역사를 주관하시는 하나님,
오늘도 만물을 주관하시는 당신은
구원의 역사를 써 가고 계심을 고백합니다.
오늘도 뉴스에서 쏟아져 나오는 소식들과 수많은 이야기를 보면서
이 모든 일 가운데 계시고 그 위에 계시는 하나님 당신을 생각합니다.
그리고 이 모든 일을 당신의 나라를 사는 백성으로서
온전히 볼 수 있는 눈을 구합니다.
성경적인 세계관을 가지고 세상을 바라볼 수 있는 눈을 열어 주소서.
말씀을 온전히 깨닫게 하여 주시고,
그 말씀으로 세상을 보는 깨어 있는 눈과 열린 가슴을 허락해 주소서.
그래서 세상을 향한 당신의 마음을 알게 하여 주시고,
온전한 기도를 드릴 수 있도록 하여 주소서.
우리는 너무나 자주 텔레비전이나 다른 매체들을 통해서 주입되는
세계관 속에서 길을 잃고 맙니다.
우리가 세상 안에 있으면서도
세상에 속하지 않도록 이끌어 주시옵소서.
주 예수 그리스도의 이름으로 기도드립니다. 아멘.

◐
언론을 위한 기도

모든 것을 아시는 공의의 하나님,
오늘도 온 세상을 주관하시는 당신 앞에 나아가
당신의 정의가 실현되기를 간절히 원합니다.

하나님, 제한적인 지식을 가지고
한계가 많은 존재로 살아가는 우리를 이끌어 주시옵소서.
넘쳐나는 것이 정보라고 하지만
정작 진실과 정론은 늘 희박해 보이는 현실입니다.
수많은 정보 중에서 어떤 것을 취해야 할지 알지 못할 뿐만 아니라
이 땅을 살아가는 시민으로서 반드시 알아야 할 정보를
스스로 파악하고 분별하는 일은 불가능에 가깝다는 것을
고백할 수밖에 없습니다.
하나님, 그래서 언론이 중요하고
언론의 역할이 여전히 중대함을 느낍니다.

그러나 하나님, 이 땅의 언론 현실을 보면서
안타까움과 답답함을 느낄 때가 너무나도 많습니다.
언론의 자유가 위축되어 있고,
약하고 소외되고 고통 받는 이들을 조명하는 기사는 너무나도 적으며,
진실에 눈감고 권력의 편에 서는 언론이 득세하고 있는 것처럼 보입니다.

그리고 하나님, 오히려 진실을 왜곡하고 분열을 조장하며
여론을 호도하는 모습도 너무나 많습니다.

하나님, 이 땅의 언론과 언론인들을 회복하여 주소서.
권력의 눈치를 보지 않고 진실을 규명하기 위해 애쓰며,
어둡고 소외된 곳을 비추고, 시민들의 눈과 귀가 되어 주는
언론인이 많아질 수 있도록 이끌어 주소서.
온갖 어려움 속에서도 언론의 사명을 잊지 않고
분투하고 있는 이들을 지켜 주시고 위로해 주시옵소서.
선정적이고 자극적인 이야기들로 눈길을 끌기보다
알려야 할 진실에 천착하는 언론의 참 모습을 회복하여 주소서.
그래서 이 땅 가운데 거짓과 불의가 사라져 가고
진실과 공의가 강물처럼 흐를 수 있도록 은혜를 베풀어 주소서.
주 예수 그리스도의 이름으로 기도드립니다. 아멘.

갑을 관계 안에서 드리는 기도

우리의 주인 되신 하나님,
당신의 선하신 주권 아래 살며 순종하는 일이
우리의 참 행복임을 고백합니다.
우리의 왕 되신 하나님,
당신의 다스림 안에 살며 그 다스림에 따라 일하는 것이
우리의 참 행복임을 고백합니다.

하나님, 우리가 사는 세상 속에는 많은 '주인'이 있습니다.
그리고 그에 종속되어 있는 관계들이 있습니다.
계약에 의해서든 다른 관계에 의해서든,
갑과 을의 관계가 이 세상을 구성하는 하나의 질서임을 봅니다.
채권자와 채무자의 관계, 고용주와 피고용인의 관계,
임대인과 임차인의 관계,
사업이나 프로젝트를 발주하는 측과 이를 시행하는 측의 관계,
대기업 등과 납품 업체의 관계 등등, 이런 갑을 관계에서
때로는 우리가 갑이 되기도 하고 을이 되기도 합니다.

신실하신 하나님, 당신은 우리의 주인이시면서 동시에 종이 되셨습니다.
언약하신 일은 신실하게 지키시고,
스스로 종이 되셔서 낮은 자리에서 행하셨습니다

하나님, 당신의 신실하심을 따라 우리도 갑과 을의 관계에서
신실하게 행할 수 있도록 이끌어 주소서.
때로는 바보스러울 정도로 약속을 지키고
그를 통해 갑은 을의 사정을, 을은 갑의 사정을
헤아릴 수 있기를 원합니다.

하나님, 우리가 갑의 위치에 있을 때
특히 우리에게 주어진 권리와 권력을 남용하지 않도록
깨어 있게 하여 주소서.
갑의 위치에서는 을을 착취하여 이익을 취하려는 유혹이 너무나도 큽니다.
세상이 '관행'이라고 말하는 모습 때문에
이웃들의 아픔이 얼마나 많이 생겨났는지 모릅니다.
하나님, 우리에게 주어진 권력이 우리를 집어 삼켜서
갑을 관계 속에 살아 숨 쉬며 생활하고 있는
'사람'을 보지 못하는 일이 없도록 붙들어 주시옵소서.
납품받은 것에 대해서는 제때 대금을 지급하고,
성실히 일한 노동자들에게 정당한 임금을 주며,
임대인의 지위를 이용하여 임대 보증금이나 월세를
과도하게 높이 받지 않도록 깨어 있게 하여 주소서.
이자에 대해서도 성경의 가르침을 따르게 하여 주소서.

하나님, 을의 위치에 있을 때
우리가 행해야 할 의무를 잘 행하는 성실함과 지혜를 주시옵소서.
권력을 남용하고자 하는 갑의 횡포에서 지켜 주시고

공의를 세워 주시옵소서.
정의를 구하고 약한 이들을 돌아보고 함께할 수 있는 마음을 주시옵소서.
다만, 모든 일을 행할 때 주께 하듯 행함으로
우리가 단순한 을이 아니라 하나님 나라의 시민 된 을이며,
당신을 참 주인으로 모시는 을임을 고백하게 하여 주소서.
을의 위치에서 경험하는 수많은 부조리와 고통의 눈물을 주님은 아시오니
주님께서 우리의 눈물을 닦아 주시옵소서.
하나님 나라의 온전한 공의가 드러나게 하여 주소서.

성실하신 하나님, 갑과 을의 관계 안에서,
특히 갑의 모습에서 성도 된 이들이 수많은 을의 눈물을 흘리게 하고,
교회가 또한 그런 모습을 보이는 일이 많습니다. 용서하여 주시옵소서.
온전히 주님을 닮아 가는 성도들과 교회가 되게 하여 주소서.
주 예수 그리스도의 이름으로 기도드립니다. 아멘.

◐
대통령 선거일을 앞두고 드리는 기도

왕이신 나의 하나님, 유일한 주권자 되신 우리 하나님,
왕들을 세우시고 폐하시는 하나님,
이 시간 간절한 마음으로 기도드립니다.
당신의 나라는 영원하고 당신의 다스리심은 정의로우시며
또한 자비하십니다.
하나님, 응답해 주시옵소서.
하나님, 당신의 정의를 이 땅에 깃발처럼 세워 주시고,
당신의 자비를 이 백성에게 베풀어 주시옵소서.

불의한 자들을 심판하시고
가난하고 억압받는 이들을 신원하여 주시는 하나님,
이 땅의 백성들이 얼마나 오랫동안 고통 가운데 있었는지
당신은 그 모든 신음소리를 들으시고 함께 아파하셨음을 믿습니다.
이제 주님, 보좌에서 그 정의로운 손으로 이 땅의 질서를 바로 세워 주시고
이 땅의 백성들이 새로운 소망을 가지고 살 수 있도록 터전을 열어 주소서.

하나님, 대통령 선거를 앞두고 기도합니다.
역사를 주관하시는 하나님, 공의로우신 당신의 뜻 안에서
이 선거가 공정하게 치러지게 하여 주소서.
혹시 악하고 불의한 일이 일어나지 않도록 지켜 주시옵소서.

하나님, 당신을 두려워하고 겸손하며
국민들을 사랑하고 함께하는 사람이 선출되도록 이끌어 주소서.
거짓과 불의를 일삼는 세력이 득세하지 못하도록
당신의 정의로운 손이 제어하여 주소서.

하나님, 우리의 마음을 회복하여 주소서.
열패감으로 주저앉은 마음을 일으켜 세워 주소서.
우리의 작은 힘으로는 이 세상을 바꿀 수 없다고 생각하고
지레 포기한 마음들에 생기를 불어넣어 주소서.
참되고, 정의로운 일을 위해 일어날 수 있는 마음들을,
그러한 기꺼운 마음들을 회복시켜 주소서.
정치와 사회에 대한 냉소적인 마음들도 바꾸어 주소서.
교회와 예배당의 담벼락 안에서만 열심을 내는 마음들도 바꾸어 주소서.
누군가의 희생과 섬김을 통해 혜택만 누리려는
무임승차의 마음들도 바꾸어 주소서.
나와 이웃들의 삶이 참으로 건강하고 풍성할 수 있도록
그렇게 손발로 사는 인생이 되게 하여 주소서.

인간의 마음을 아시는 하나님,
새롭게 세워질 대통령이 누가 되든
우리가 그 인생 자체를 의지할 수 없음을 고백합니다.
우리는 오직 완전하신 하나님 당신을 의지합니다.
그래서 우리 손으로 당신이 세우시는 대통령을 뽑을 때에는
대통령이 권력이라는 우상에 빠지지 않도록

제도를 만들고 비판하는 삶을 살아야 함을 느낍니다.
그렇게 살 수 있도록 우리를 이끌어 주소서.

왕이신 하나님, 역사하시는 주님, 다시 한 번 기도합니다.
이 나라 이 백성을 불쌍히 여겨 주소서.
당신의 정의를 세워 주시고 이 땅을 지켜 주시옵소서.
주 예수 그리스도의 이름으로 기도드립니다. 아멘.

| 일상을 |
| 기도로, |
| 기도를 |
| 일상으로 |

◐
대통령 선거를 위한 기도

왕이신 하나님, 통치하시는 주님,
대통령 선거를 위해 기도합니다.
국민의 종으로서 공평과 정의로 정부를 운영하고
국민의 자유와 권리를 보장해 주기 위해 일하는 대통령이
선출될 수 있도록 이끌어 주소서.
사람을 살리고 공동체를 살리는 가치와 정책이 무엇인지를
이번 대선 과정에서 함께 고민할 수 있기를 원합니다.
그저 한 인물을 선택하는 것을 넘어
시대정신을 생각하고 바른 정치와 제도와 온전한 공동체를 생각하는
시간들이 되게 하여 주소서.
흑색선전이 난무하고 정치공학적인 게임이
중심이 되지 않도록 이끌어 주소서.
이런 악한 구조를 깨뜨려 주시옵소서.
권력은 정의를 세우고 사람을 살리라고 세워 주시는 것인데
사리사욕을 위해 이 권력을 얻으려는 사람들이 많습니다.
부패하고 자기를 주장하기 쉬운 권력의 힘을 꺾어 주시고
정의를 위해 보냄 받은 권력과 권력의 청지기들로 회복되게 하여 주소서.
왕이신 하나님, 다스리시는 주님,
이 나라 이 땅을 불쌍히 여겨 주소서.
주 예수 그리스도의 이름으로 기도드립니다. 아멘.

대통령 취임일에 드리는 기도

왕이신 하나님, 온 세상의 주권자이신 하나님,
당신의 주권 앞에 세상의 모든 통치자가 무릎을 꿇습니다.
온 세상이 당신의 나라이기에, 그리고 온 역사는 당신의 역사이기에
이 시간에 겸손히 당신 앞에 나아가 예배드립니다.

왕이신 하나님, 온 세상의 주권자이신 하나님,
이 나라 이 땅의 백성들을 사랑하여 주셔서
지금껏 붙들어 주신 당신께 감사합니다.
남녀노소를 막론하고 당신의 은혜 안에서 오늘을 살고 있음을 고백하며
당신께 간구합니다.
지금까지 신실하게 이 땅의 사람들을 살펴 주신 것처럼
우리에게 긍휼과 사랑을 베풀어 주소서.

하나님, 대통령 취임일에 기도합니다.
이 나라의 새로운 역사가 쓰이는 시간에
당신 안에서 더욱더 기도의 자리로 나아갑니다.
우리의 일상이, 특히 정치가
우리에게 맡겨진 청지기적 소임의 장이고
당신의 주권이 인정되어야 하는 영역이며
당신 앞에 온전히 드려야 하는 영역임을 고백하기 때문입니다.

하나님, 당신이 정부를 세우신 것은
당신을 대행하여 정의를 세우고 바른 판단을 하여
의와 공평을 세우게 하기 위함임을 상기합니다.
불의와 불공평한 사회 속에서 고통 받는 이들을 돕고
더불어 살아갈 수 있는 환경을 조성해 주는 정부만이
당신 안에서 정당성이 있는 정부인 것을 재차 생각해 봅니다.

하나님, 대통령을 비롯하여 지도자들이 공의로운 판단을 하고
그들이 섬겨야 할 국민들을 두려워하는 지혜를 주시옵소서.
정의롭지 못한 정부에 대해서는 심판하시는 참 주권자가 계심을
당신께서 보여 주시옵소서.
진정으로 국민의 소리를 듣고 소통하는 정부가 되게 하여 주소서.
국민과의 약속을 온전히 지켜 가는 정부가 되게 하여 주소서.
소외되고 배제되어 눈물 흘리고 있는 사람들을 돌아보고,
그들의 손을 잡아 주는 정부가 되게 하여 주소서.

왕이신 하나님, 새롭게 출범하는 정부가
장밋빛 약속을 하고 행복을 외친다 하더라도
권력은 권력 자체를 추구하는 힘이 있음을 경계합니다.
국민의 행복이 아니라 권력자 자체의 힘을 추구하고
국민 위에 군림하며 법을 초월하여 행하려는 유혹이
권력에는 늘 도사리고 있음을 봅니다.
섬기기보다 통제하려 하고, 투명하기보다 은밀히 행하려 하며,
청렴하기보디 부패히려는 것이 권력의 속성이기에

더욱 권력자들을 위해 기도합니다.
하나님, 참으로 당신의 빛 아래에서 행사되는 권력으로
이 나라가 운영되게 하여 주소서.

하나님, 우리 자신을 위해 기도합니다.
한국 교회를 위해 기도합니다.
참 하나님 나라의 백성으로,
이 나라의 시민으로 살아가는 성도들을 위해 기도합니다.
오직 당신의 말씀으로 이 나라, 이 시대를 깨우는 성도들이 되고
교회가 되게 하여 주소서.
참으로 빛 된 삶으로, 대안적인 삶으로
정치와 권력자들에게 하나님 나라의 정의를
끊임없이 비추는 존재가 되게 하여 주소서.
권력을 지향하고 권력을 통해서 이득을 얻으려는 모습에서 벗어나
공의를 위해 고난 받기까지 헌신하며
정치와 바른 관계를 맺을 수 있게 하여 주소서.

하나님, 매일 말씀을 보는 것과 함께 다시 신문을 펼치고 뉴스를 봅니다.
기도하지 않는 무책임한 청지기가 되지 않도록 우리를 늘 깨워 주소서.
당신의 긍휼과 사랑과 돌보심을 구합니다.
이 나라, 이 백성을 붙들어 주소서.
주 예수 그리스도의 이름으로 기도드립니다. 아멘.

◐
곡성으로 가득한 세상 속에서
하나님 나라의 정의를 구하며 드리는 기도

왕이신 하나님,
공의와 사랑의 나라를 우리에게 허락하여 주시니 감사합니다.
여전히 강고해 보이는 악한 구조들 속에서
신음하고 눈물 흘리며 애곡하는 목소리가 가득한 세상 속에서
오늘도 당신의 나라와 그 의를 구합니다.
하나님, 당신이 왕이 되시는 나라에서 모든 사람은
당신의 형상으로 지음 받은 존엄한 존재이고,
그 존재 자체로 소중한 사람이며,
당신이 사랑하시는 동등한 인격임을 고백합니다.
당신의 나라에서는 비정규직도, 하청도, 을도 없음을 믿습니다.
곡성으로 가득한 이 나라, 이 땅을 불쌍히 여겨 주소서.
당신의 공의와 사랑으로 이 세상을 새롭게 하시는 일에
교회와 성도들이 마음과 뜻과 힘을 다해 동참할 수 있도록
우리를 깨워 주소서.
불의한 구조를 타파하고 사람들을 억압하는 권력을 뒤집으며
사람이 사람답게 살도록 하는 당신의 나라를 온전히 드러내는
당신의 백성들로 살아 낼 수 있게 하여 주소서.
그래서 보냄 받은 현장 속에서 당신의 나라를 고백하는
찬송의 노래가 이 세상 가운데 가득하게 하여 주소서.
주 예수 그리스도의 이름으로 기도드립니다. 아멘.

정의를 구하며 드리는 기도

정의의 주 하나님,
당신은 불꽃같은 눈으로 인간의 모든 것을 감찰하시고
어둠 가운데 빛을 비추사 감추어진 모든 것을 마침내 드러내어
심판하시는 분이심을 고백합니다.
권력과 돈으로 결탁된 세력들이 그 악행과 강포와 전횡 가운데
영원히 권세를 누릴 수 있다고 하고,
법과 시민들 위에서 군림할 수 있다고 믿어도,
종국적인 심판주이신 당신 앞에서는
모래 위에 지은 성처럼 무너져 흩어질 것임을 믿습니다.

마치 하나님이 없는 것처럼 행하는
이 시대의 절대 권력들을 심판하시고
그 악행들을 드러내시는 당신의 행하심을 봅니다.
그 행하심을 신뢰하며 당신을 따라 정의를 위한 작은 촛불을 들 때,
진실과 정의가 승리하는
참 기쁨을 노래할 수 있도록 이끌어 주소서.
그리고 하나님,
우리의 일상 속 구석구석에 스며 있는 불의한 관행들과
우리 안에 도사리고 있는 탐욕과 권력욕과 우상 숭배를
당신의 빛으로 몰아내어 주소서.

가뭄에 갈라지고 칼바람에 얼어 버린 대지처럼 굳어진
우리의 절망어린 가슴에 충만한 생명으로
당신의 정의의 단비를, 희망의 훈풍을 허락하여 주소서.
주 예수 그리스도의 이름으로 기도드립니다. 아멘.

◐
거짓과 교만과 두려움을 걷어 내고
진실이 드러나기를 구하는 기도

역사를 주관하시는 하나님, 정의의 하나님,
온갖 부정과 부패를 거짓의 방패로 가리고,
권력과 재력과 폭력으로 진실을 가릴 수 있다고 믿는
교만한 이들의 어둠을 드러내 주소서.
유무형의 위협으로 두려움을 조장하여
진실을 알고 있는 이들의 입을 막고 손발을 묶으려 하는 이들,
온갖 술수와 회유로 당면한 심판을 피하려 하는 이들의
모든 계획과 조작을 무너뜨려 주소서.
역사를 주관하시고 정의를 회복시켜 주시는 당신의 일하심과 더불어
깨끗한 양심과 치열한 반성과 용기로 행하는 이들로 인하여
마침내 진실이 드러나게 하여 주소서.
불의가 승리하는 부조리한 현실이
더 이상 우리에게 절망을 안겨 주지 않도록
새 희망을 허락해 주소서.
역사를 주관하시고 진실을 회복하여 주시는
당신의 일하심을 신뢰합니다.
주 예수 그리스도의 이름으로 기도드립니다. 아멘.

◐ 진실을 구하는 기도

전지하신 하나님,
이 땅에서 일어나는 숱한 사건이 거짓과 눈속임으로 가려지고,
그 뒤에서 불의가 득세하고 있음을 보오니,
진실을 드러내 주셔서 진실의 토대 위에서 참된 정의를 세워 주시고,
정의에 목마른 우리에게 해갈의 기쁨을 허락해 주소서.
주 예수 그리스도의 이름으로 기도드립니다. 아멘.

◐
외모 중심의 세상 속에서 드리는 기도

사람을 외모로 판단하지 않으시고 중심을 보시는 주님,
오늘도 당신의 마음을 품기를 간절히 원합니다.
우리를 창조하시되 수십억의 사람들 한 사람 한 사람을
각각의 모습으로 만드신 그 놀라운 뜻을 묵상합니다.
아버지 하나님, 진정으로 당신은 한 사람 한 사람에게
독특하고도 무엇과도 바꿀 수 없는 아름다움을 주셨음을
깨닫게 됩니다.
세상이 왜곡된 시선으로 아름다움을 재단하고 편견을 조장하고
폭력적으로 아름다움의 기준을 강요하고 있지만
아버지 당신이 만드신 사람들은 누구 하나 아름답지 않은 이가 없습니다.

아버지 하나님, 기도합니다.
그럼에도 불구하고 우리의 왜곡된 눈과 마음은
철저하게 외모를 가지고 사람을 판단합니다.
외모로 사람을 나누고 차별적으로 대우하는 세상에 분개하면서도
그러한 세상의 기준에 따라 그대로 행하고 있는 모습을
고백하지 않을 수 없습니다.
심지어 교회 안이나 성도들의 교제 안에서도
육체적인 외모는 물론 재력이나 학력, 사회적 지위에 따라
사람을 차별하는 모습이 있습니다.

아버지 하나님,

이런 우리의 모습은 예수님께서 우리를 대하신 시선과는

얼마나 다른지 모릅니다.

우리는 은혜를 경험하고 있으면서도

다른 이들을 향하여 외모라는 기준으로 철저히 무자비한 판단을 하고

은혜로부터 사람들을 배제하는 생활을 해왔습니다.

용서하여 주시옵소서.

우리가 성육신하시고 십자가를 지신 예수 그리스도의 마음을 품고

그 시선을 닮을 수 있게 하여 주소서.

우리 안에 깊이 뿌리박힌 외모로 인한 편견을 제거하여 주소서.

그리고 철저히 외모가 중심이 되어 있는 세상 속에서

성도들과 교회가 이웃들에게 예수님의 마음으로 나아가

강고한 이 체제 안에 변화를 일으킬 수 있게 하여 주소서.

아버지 하나님, 오늘도 나와 우리를 만드시고 빚어 주신

당신의 손길에 감사합니다.

어머니의 태중에 있을 때 우리를 조성하여 주신 분이 당신이기에

오늘도 감사함으로 살겠습니다.

그 감사함 안에서 참된 아름다움을 추구하고

중심의 진실함을 위해 애쓰며

이웃들의 얼굴 안에 있는 그리스도를 찬송하는 삶을 살 수 있도록

이끌어 주소서.

주 예수 그리스도의 이름으로 기도드립니다. 아멘.

위기와 적대적인 환경에서 하나님의 구원을 노래하는 기도
_시편 3편

우리를 지키시며 구원하시는 주님,

세상 속에서 마주하는 위기와 때때로 부딪치는 적대적인 사람들,

그리고 억울한 상황들과 숱한 난관들 가운데 기도합니다.

우리의 방패가 되시는 하나님,

세상은 당신이 없다고 하고 당신으로부터 오는 구원도 부인하지만,

주님은 우리의 영광이 되시고 억눌린 우리를 자유케 하시며

우리의 명예를 회복하여 주시는 분이십니다.

주님은 위기 가운데 드리는 우리의 간절한 기도를 들으시고

당신의 백성을 구원하시며 참된 복을 주시는 분이시기에

우리는 두려워하지 않고 편안히 자고 깰 수 있음을 고백합니다.

주님, 우리가 무력한 가운데 잠들고

무방비 상태로 깊은 잠에 빠져 들어 있을 때에도

우리를 지키시는 당신이 계시기에

믿음으로 안식하고 새 아침을 맞이합니다.

우리가 잠든 때에도 구원의 일을 행하시는 당신으로 인해

새로운 마음으로 오늘을 마주합니다.

구원의 하나님, 당신을 찬양합니다.

오늘도 내일도 주님 당신과 함께 사는 복된 삶을 노래하렵니다.

주 예수 그리스도의 이름으로 기도드립니다. 아멘.

◐
일자리를 위한 기도

계절을 주관하시고
온 세상 온 생명들에게 일용할 양식을 주시는 하나님 아버지,
당신의 자비와 은혜에 감사와 찬송과 영광을 드립니다.
가을걷이가 끝난 들녘을 바라보면서
어김없이 나락이 열리게 하시고 열매를 거두도록 허락하신 이는
당신임을 고백합니다.
무엇을 먹을까 무엇을 마실까 염려하지 말고
다만 하나님 나라를 구하라고 하신 예수님,
오늘도 우리의 쓸 것을 아시고 일용할 양식을 허락해 주시고,
주리고 염려하는 이들을 돌보아 주소서.

주님, 요즘 일상에서 만나는 사람들의 모습에서
일용할 양식과 일자리에 대한 고민과 염려를 많이 보게 됩니다.
일하고자 하지만 일할 곳이 없는 이들,
고용 불안에 시달리는 이들,
같은 일을 하면서도 동일한 임금을 받지 못하는 이들,
가정과 공동체에서 관계를 누리지 못하고
휴일이나 명절에도 일해야만 하는 이들,
거대 기업의 틈바구니 속에서 힘겨운 싸움을 이어 가는 소상공인들…….
이런 이웃들의 사정 앞에서 여전히 악한 구조의 모습을 봅니다.

하나님 아버지,

우리가 우리 자신의 안락과 배부름에 안주하지 않고

당신의 나라를 위하여

이웃들의 짐을 나눠 질 수 있는 자들이 되게 하여 주소서.

온전히 모든 것을 회복하시는 하나님 당신의 역사를 인정하면서

오늘 우리를 보내신 자리에서 당신의 나라를 위하여 일하는

삶이 되게 하여 주소서.

먹든지 마시든지 무슨 일을 하든지

당신의 은혜인 것을 알고 감사하면서

다만 당신께만 영광 돌려 드리는 삶을 살기 원합니다.

주 예수 그리스도의 이름으로 기도드립니다. 아멘.

◐

일터로 향하며 드리는 기도
_일하는 이들과 일하기를 원하는 이들을 위한 기도

일하시는 하나님,
모든 일하는 이를 창조의 동역자로,
당신의 나라를 일구어 가는 일꾼으로 불러 주시는 하나님,
오늘도 일터로 향하며 기도합니다.

삼위 하나님이시여,
당신은 사람으로 하여금 당신의 형상을 따라
일하는 것을 통하여 즐거움을 누리게 하시고 자신을 발견하며
공동체와 세상에 유익을 끼치게 하셨습니다.
당신의 무한하신 사랑으로 인하여
우리 자신의 존재만으로도 의미가 있기에
일하고 성취하는 것 자체가
우리의 정체성을 이루는 것은 아님을 고백합니다.
그리고 일을 통해 보수를 받는 것만이 일하는 이유는 아니며,
보수 없이 하는 일도 당신의 나라 안에서는
동등하게 빛나는 일임을 고백합니다.
하지만 일하는 것이 생활을 영위하는 수단이고
이를 통해 가정을 꾸려 가고 사회에 기여하는 존재로 살아간다는
그 의미도 우리에게는 소중하다는 고백도 드립니다.
오늘도 함께 일터로 향하는 이들에게서

일하는 것이 가지는 의미와 무게를 느끼게 됩니다.

모든 일하는 이를 지키시는 하나님,

이 땅에는 일하고 싶지만 일할 수 없는 사람이 너무나도 많습니다.

동일한 일을 하면서도 차별받고 늘 해고의 불안 가운데 있는

비정규직 노동자가 점점 늘고 있습니다.

부당하게 해고를 당해 고통 가운데 있는 사람들과

그 가족들의 눈물이 산재해 있습니다.

열악한 노동 환경으로 인해 불의의 사고를 당하는 이가 많습니다.

일하는 사람들끼리 착취하고 다투는 일도 많습니다.

이런 어그러진 일터에서도

예수 그리스도의 십자가와 부활로 침투해 들어온 하나님의 나라,

그 회복의 역사는 이미 시작되어 있음을 고백합니다.

왕이신 하나님, 주권자 되신 하나님, 돌보시는 하나님,

일터에서 살아가는 이들을 보호하여 주소서.

이 땅 가운데 만연한 일터에서의 모순이 해소되게 하소서.

해고로 고통 받고 있는 이들의 눈물을 씻어 주소서.

비정규직 노동자들의 불안을 거두어 주소서.

이 일을 위해 깨어 있는 교회와 성도들의 헌신이 있게 하여 주소서.

법과 제도를 바꿔 가는 일에 성도들이 헌신되게 하여 주소서.

자신의 일자리를 나누는 일에 성도들이 먼저 나서게 하여 주소서.

해고와 실업으로 고통 받는 마음들을 품고

이런 이들이 새롭게 시작할 수 있도록 구체적으로 돕고

공동체를 형성해 주는 일에 교회가 먼저 나서게 하여 주소서.

하나님, 이 일을 위해 사역하는 이들에게 지혜와 힘을 주시고,
반대와 어려움에도 불구하고 신실하신 하나님 당신을 붙들면서
열매 맺는 사역을 할 수 있게 하여 주소서.
실업의 불안과 무한 경쟁의 체제 가운데 갇혀 있는 청년 대학생들에게
참된 삶의 길과 일하는 사명을, 그리고 참 소망을 가르치고
대안을 만들어 가는 캠퍼스 선교 단체들을 온전히 세워 주소서.

일하시는 하나님,
오늘도 당신은 당신의 나라를 위해 일하심을 고백합니다.
오늘도 당신과 함께 동역하고
그 안에서 은혜 가운데 살 수 있음을 감사합니다.
오직 당신의 영광을 위해 일하는
모든 일터의 일상 사역자들과 생활 신앙인,
하나님 나라의 성도들과 함께
주 예수 그리스도의 이름으로 기도드립니다. 아멘.

실업 중인 이들을 생각하면서 드리는 기도

주님,
불황이 길어질수록 실업으로 어려움을 겪는 사람이 많아지고 있습니다.
실업을 통하여 재정적인 생활이 무너질 뿐만 아니라
자신의 존재 가치도 잃어버리고 무력감에 빠져 있는 사람들에게
주님의 긍휼을 베풀어 주시옵소서.
우리로 하여금 사람의 가치가 그 사람의 직업에 있지 않고
오직 하나님의 사랑 안에 있음을 알게 하여 주시고,
삶 자체가 소명이라는 것을 깨닫게 해주시옵소서.
더 이상 무력감 속에 포기하지 않고
매일 아침을 감사하며 시작하게 하여 주시고,
자신에게 매몰되지 않고 오히려 하나님 안에서
다른 사람들의 필요를 돌아보는 참된 믿음을 배우게 하여 주시옵소서.
그리고 교회가 실업 상태에 있는 성도들을 더욱 잘 도울 수 있도록
지혜와 모든 자원을 더하여 주시옵소서.

주님,
일하고 싶은 이는 많은데 일할 기회가 공평하게 주어지지 않는
구조적인 문제가 많습니다.
일자리를 만들고, 공유하고, 일하고자 하는 이들을 지원하는 일을 위하여
정치권이 책임 있게 일할 수 있도록 정치인들을 일깨워 주시옵소서.

우리 사회가 자신의 일자리를 지키는 일뿐만 아니라
함께 일하는 것에 합의하고 함께 연대할 수 있도록 이끌어 주소서.
이를 위해 애쓰고 힘쓰는 이들을 격려해 주시고
필요한 모든 자원을 허락해 주소서.
주 예수 그리스도의 이름으로 기도드립니다. 아멘.

일하는 사람들이 존중받는 세상을 위한 기도

일하시는 하나님,
우리에게 창조의 능력과 정신을 허락해 주셔서
당신과 함께 일하며 창조 세계를 일구어 갈 수 있게 하여 주셔서
감사합니다.
당신의 형상대로 창조된 인간이기에
우리 자신과 우리 이웃들은 그 자체로 존엄하고
가치로운 존재인 것을 고백합니다.
또한 당신과 함께 일하고 행하며
세상을 조성해 가는 것을 통하여 충만한 기쁨을 누리고
세상 속에 우리를 보내신 당신의 뜻을 이행하고
당신께서 사랑하라 하신 이웃들을 섬길 수 있음을 고백합니다.

하지만 하나님, 일하는 사람들을 둘러싼 모순적인 상황들과
갑갑한 현실들을 바라보면서 기도하지 않을 수 없습니다.
하나님, 노동자들을 그저 하나의 자원이나 비용처럼 여기며
한 인간으로, 생명을 가진 사람으로 인정하지 않는 듯한 현실을 봅니다.
일하는 이들이 존중받기보다는 대체 가능한 부품처럼 소모되고
일터에서의 의사 결정과 이익 공유에서 소외되는 경우가
얼마나 많은지 모릅니다.
새벽부터 밤늦게까지 일해도

자신과 가족의 생계를 부양하고 미래를 설계하기 어려운 현실,
열악한 작업 환경과 차별적인 직장 문화 속에서
힘겨운 현실을 그저 견뎌야 하는 이가 얼마나 많은지 모릅니다.
똑같이 일하고도 같은 대우를 받지 못하는 비정규직 노동자들,
고용 불안에 잠 못 이루는 이들,
고용과 임금과 승진에서 차별받는 여성 노동자들,
사회적인 보호를 받지 못하고 오히려 이용당하기 일쑤인
청소년 노동자들의 탄식과 눈물이 이 땅 가운데 넘쳐납니다.

하나님, 참으로 당신이 뜻하신 바대로
일하는 이들이 존중받을 수 있도록 이 땅의 일터들을 회복시켜 주소서.
일하는 이들이 더불어 함께 행복할 수 있도록 이끌어 주소서.
여전히 강고하고 불의한 구조와 탐욕스러운 이익 추구의 체제를
당신의 정의로 변화시켜 주소서.

일하는 이들을 존중하는 기업이
조금씩 생겨나고 있는 것에 감사드립니다.
노동 문제를 고민하고 생각하며 정책화하는 이들이
꾸준히 노력하며 운동하고 있는 것에 감사드립니다.
이런 기업이 더 많이 생겨나도록 이끌어 주시고,
노동자의 인권과 복지를 위해 애쓰는 정치인들과 시민들에게
힘을 더하여 주소서.
그리고 하나님, 일하고 싶으나 일하지 못하고 있는
수많은 청년과 해직자, 구직자와 함께해 주시옵소서.

오늘도 일하는 존재로 일상을 살아갑니다.
온 세계의 노동자들이 인간다운 삶을 누리는 가운데
일터에서 창조의 동역자로
당신의 나라를 일구어 가는 꿈을 꾸며 기도합니다.
창조주 하나님, 영광 받아 주소서.
주 예수 그리스도의 이름으로 기도드립니다. 아멘.

◐
노동자들을 위한 기도

일하시는 하나님,
우리를 부르셔서 당신의 나라를 위한 사역으로 보내 주시니 감사합니다.
당신이 이루시는 구속과 회복과 새 창조의 이야기 속에서
우리가 당신과 동역하고 함께 일할 수 있게 하여 주시니
이것이 우리 생의 영광임을 고백합니다.
하나님, 우리를 일하는 존재로 만드시고
일을 통해 당신께 영광 돌려 드리게 하여 주시니 감사합니다.
우리가 주중에 일상의 일터에서 행하는 바로 그 일을 통해
당신의 나라를 섬기고, 당신이 만드신 창조 세계를 가꾸며,
이웃들의 필요를 채우고 그들을 섬길 수 있도록
우리를 '노동자'로 불러 주셨음을 되새겨 봅니다.

하나님, 우리가 노동자로서
이러한 사명을 잘 감당할 수 있도록 지혜를 주시옵소서.
우리가 당신과 함께 일하고 당신은 우리를 통해 일하신다는
이 놀라운 사실을 붙들고 일터에서 존귀한 사역자로,
제사장으로 살아갈 수 있도록 우리를 이끌어 주소서.
정의의 하나님, 이 땅의 노동자들이 일하는 즐거움과
영광스러움을 누리며 살 수 있도록 하여 주소서.
실업과 고용 불안, 비정규직 차별, 열악한 작업 환경과 저임금 등으로

고통 받고 있는 노동자가 점점 늘고 있습니다.

이 땅의 노동자들을 당신의 손으로 지켜 주시고

이 땅의 노동 환경을 당신의 정의로 회복하여 주소서.

수많은 노동자의 눈물을 닦아 주시고

그 슬픔들이 변하여 찬송이 되게 하여 주소서.

하나님, 당신이 주신 은사로 우리가 일터에서 만들어 내는

아름답고 선한 것들이

당신의 나라에서 정화되고 변화되어 빛나기를 소망합니다.

일터에서 당신의 뜻대로 행한 우리의 모든 일이

당신의 기억 속에서 생동하기를 원합니다.

우리의 주인이시며 또한 우리와 함께 일하시는 당신과 함께

오늘도 보냄 받은 노동자로서 그렇게 일하고 쉬고 섬기며

살아가게 하여 주소서.

주 예수 그리스도의 이름으로 기도드립니다. 아멘.

노동자의 권리를 위한 기도

일하시는 하나님, 일하는 이들의 하나님,
노동자들이 존중받고 노동의 가치가 온전히 인정될 수 있도록
일하는 이들을 붙들어 주소서.

일을 통해 당신의 창조 세계를 일구어 가고
이웃들을 돌보며 자신과 가족들의 생활을 영위하려는 이들이
일할 권리를 누릴 수 있기를 원합니다.
일한 만큼 적정하고 정당한 임금을 받을 수 있고,
동일한 가치의 일을 했음에도 불구하고
성별이나 고용 형태의 차이로 인해 임금에서 차별받지 않도록
노동자들을 보호하여 주소서.
임금, 노동 시간, 노동 환경 등
일하는 이들의 삶을 규정하는 조건들이
인간으로서의 존엄성을 보장하는 모습으로
결정될 수 있기를 원합니다.
일하는 사람들의 가정과 다른 일상이 무너지지 않도록
인간다운 생활이 보장되는 일터가 되도록 이끌어 주소서.
사용자와 노동자가 동등한 지위에서
더불어 함께 살아가는 공존의 모습 속에서
일터를 새롭게 할 수 있기를 원합니다.

또한 노동 조건과 노동자들의 권익을 보호하기 위해
노동자들에게 특별하게 인정되는 권리들도
온전히 보장되기를 원합니다.

하나님, 사용자들이 노동자를 비용이나 자원으로만 바라보지 않고
그 삶과 가족들을 함께 생각할 수 있도록 권고하여 주소서.
인간으로서의 존엄을 잃어버리게 하는 갑질에서 벗어나
존중과 협력의 마음으로 노동자들과 함께할 수 있도록 이끌어 주소서.
고용 안정과 노동자들의 권리를 보장하기 위해
구조적으로 정책을 만들고 추진하는 정부와 지도자들에게
지혜를 더하여 주소서.
특별히 이런 정책에서 소외되기 쉬운 비정규직 노동자들의 삶을
돌아볼 수 있도록 이끌어 주소서.

하나님, 당신의 형상으로 지음 받은 이들이 창조의 즐거움을 나누며
서로를 존중하고 함께하는 일터가 되도록 이끌어 주소서.
숱한 모순과 갈등으로 점철되고,
불안과 눈물과 한숨으로 얼룩진 노동의 현장을 회복하여 주소서.
아직도 가야 할 길이 멀어 보이지만
신실하신 당신의 일하심을 바라고 구합니다.
주 예수 그리스도의 이름으로 기도드립니다. 아멘.

◐

여성에 대한 차별과 혐오와 배제가
만연한 세상 속에서 드리는 기도

우리를 당신의 형상대로 만드사

인간으로서의 존엄과 가치를 누릴 수 있게 하여 주신 창조주 하나님,

또한 우리를 지극히 사랑하셔서 남자와 여자를 지으시고

서로를 기뻐하며 살도록 하여 주신 하나님,

당신의 그 뜻을 생각하며 감사드립니다.

죄로 인하여 깨지고 부서진 남녀의 관계를 비롯하여

사람과 사람 간에 차별과 혐오, 폭력과 배제가 만연해진

반목의 세상 속에 십자가의 화해와 평화로 오신 주님,

당신이 열어 주신 회복의 소망을 생각하며 감사드립니다.

주님, 그럼에도 불구하고

당신이 조성해 주신 사랑의 관계를 파괴하려는

차별과 혐오와 배제의 모습들이

쓴 뿌리처럼 퍼져 나가고 있는 것을 보면서 기도합니다.

특별히 여성이라는 이유만으로 혐오와 배제와 폭력에 노출되고,

편견과 남성 중심적인 통념 속에서

일정한 성 역할을 강요당하는 현실을 봅니다.

한 인간이기 이전에 인구 재생산의 도구처럼 취급당하거나

가부장적인 구조가 요구하는 모습을 연출해야 한다는 압력을 받는

이 땅의 수많은 여성을 봅니다.

능력을 갖추고 남성과 동등한 일을 하면서도
여성이 취업과 승진과 임금에서 부당하게 차별받고,
육아와 가사, 일 모두에서
남성보다 많은 역할과 책임을 요구받는 현실을 봅니다.
외모로 여성을 재단하고 여성의 성을 상품화하며
여성을 성적 대상으로만 바라보는 사회적인 분위기와
미디어의 행태를 봅니다.
심지어 교회에서도 차별과 혐오와 배제, 그리고 폭력이 자행되고,
오히려 신앙의 이름으로 더욱 강력하게
여성을 억압하는 모습이 있음을 봅니다.

창조주 하나님, 남자든 여자든
인간은 당신의 형상이기에 존중받아야 한다는 진리가
우리 안에서 생동하게 하여 주소서.
남자든 여자든
주님께서 십자가에서 피 흘려 하나님 나라의 한 백성으로,
하나님의 가족으로 불러 주셨다는 이 진리를
삶으로 고백하기를 원합니다.

먼저 우리 안에 내면화되어 있는 차별과 혐오와 배제와 폭력을
직면할 수 있는 눈을 열어 주소서.
의식적으로든 무의식적으로든 언어와 태도와 행위와 제도를 통하여
이를 표출하고 구체화하여
당신의 사랑 안에 있는 인격들을 훼손한 죄를 회개합니다.

주님, 특별히 지속적으로 절망과 좌절을 경험하고,
두려움과 공포에 사로잡히며, 침묵과 순응을 강요당하고,
수많은 한계를 만나야 했던 여성들의 경험을
온전히 듣고 공감하며 이해할 수 있는 민감성과 공감 능력을,
겸손과 인내를 우리에게 허락하여 주소서.
일상에서 잘못된 통념을 걷어 내는 일을 위해
마음과 힘을 모을 수 있기를 원합니다.
특히 신앙의 이름으로 차별과 배제와 억압을 정당화하지 않도록
교회 지도자들과 성도들이 변화되고,
신앙 공동체의 생활과 제도 속에서 잘못된 요소를 바꿔 나가는 데
지혜를 모을 수 있도록 이끌어 주소서.

창조주 하나님, 십자가의 주님, 화해의 성령님,
서로의 존재에 대한 진정성 있는 인정과 존중을 위해,
진정한 이해와 더불어 함께 사는 삶을 위해 발돋움할 수 있도록
우리 안에 역사하여 주소서.
그래서 분노와 대립이 아닌 진정한 대화와 만남으로,
두려움과 거부가 아닌 평안과 용납으로,
혐오가 아닌 존재에 대한 긍정으로,
폭력이 아닌 평화로 우리를 이끌어 주소서.
주 예수 그리스도의 이름으로 기도드립니다. 아멘.

◐
다름을 인정하며 함께 살아가는 세상을 위해 드리는 기도

온 세상을 창조하시고 온 인류의 주가 되시는 하나님,
세상의 모든 사람이 당신의 형상으로 지음 받은 존재임을 묵상합니다.

하지만 하나님, 이 세상을 살아가는 사람들 사이에는
서로의 다름을 인정하지 못하고
서로의 차이를 선과 악의 문제로 바라보며
갈등하는 일이 얼마나 많은지 모릅니다.
사람들의 모습과 생각과 의견이,
문화와 삶의 양식이 다를 수 있음을 긍정하고,
열린 마음으로 대화하며 서로 이해하는 가운데
진정한 화해와 평화를 모색할 수 있도록
우리를 이끌어 주소서.
십자가의 피로 화평케 하신 당신의 본을 따라
성도와 교회가 화해의 제자도를 살아 낼 수 있도록 이끌어 주소서.
평화와 화해의 공동체를 일구어 갈 수 있게 하여 주소서.
다르다고 해서 죽이고 폭력을 행사하며 혐오하는
극단적인 모습이 넘쳐나는 세상입니다.
분열과 갈등을 조장하고 사람과 사람을 적으로 돌리는 숨은 세력들이
사람들의 마음속에서 권위를 행사하는 것처럼 보입니다.

주님, 당신의 형상대로 지음 받은 사람들이
당신의 마음을 회복할 수 있도록 이끌어 주소서.
십자가의 그 피와 눈물로 반목의 세상을 치유하여 주소서.
그래서 평화와 화해의 나라에서
뭇 사람들의 노래가 넘쳐나게 하여 주소서.
주 예수 그리스도의 이름으로 기도드립니다. 아멘.

불의와 고통의 시대를 살아가는 믿음을 위한 기도

신실하신 하나님,
온 세상을 향한 당신의 계획과 그 회복의 역사를 믿습니다.
어제도 오늘도 내일도 세상 속에서 일하시는
당신의 성실하심을 믿습니다.
그럼에도 불구하고 여전히 불의와 폭력이 가득하고,
악이 득세하는 듯한 세상의 현실을 직면하게 됩니다.
이런 현실 속에서 고통 받는 이들의 눈물과 한숨을 봅니다.
하나님, 이런 시대 속에서 믿음으로 사는 일은
늘 수많은 질문을 불러일으킵니다.
그래서 때로는 낙심하기도 하고, 믿음이 약해지기도 합니다.
때로는 세상의 불의와 고통에 눈감고,
내 영혼의 구원을 위한 방편으로만 믿음을 고백하기도 합니다.
하나님, 이 시대 속에서 "오직 의인은 믿음으로 말미암아 살리라" 하신
그 말씀을 마음에 새깁니다.
불의와 고통의 시대에 낙심치 말고, 당신을 신뢰하며,
신실하고 충성되게 살라는 말씀으로 받듭니다.
하나님, 우리를 붙들어 주시고
믿음으로 살 때 참 소망을 더하여 주소서.
우리와 동행하여 주소서.
주 예수 그리스도의 이름으로 기도드립니다. 아멘.

일상화된 폭력에 대한 기도

십자가를 지신 주님,
당신의 그 무한한 사랑을 생각하며 감사드립니다.
인간의 잔인한 폭력 속에서 희생양이 되신 주님,
그래서 당신의 십자가는 폭력과 분노와 죄악으로 점철된
인간의 역사 속에서 은혜와 사랑의 이정표가 되었음을 고백합니다.
주님, 우리가 당신의 십자가를 의지하여
폭력이 아닌 사랑의 길을 갈 수 있도록 이끌어 주소서.

주님, 우리의 일상에 만연한 폭력을 절감하며 기도합니다.
우리 안에 여전히 자리한 폭력이
당신의 십자가를 무색하게 하는 일이 있음을 고백합니다.
굳이 법으로 처벌되는 폭력 행위와 범죄를 거론하지 않더라도
말과 행동으로 우리 자신과 가족과 이웃에게 행하는
폭력의 모습을 발견하게 될 때마다 두렵고 떨립니다.
이런 폭력들은 우리 자신이 의식하지 못하는 가운데
사랑하는 사람들의 마음을 멍들게 하고 있습니다.
주님, 학교에서 일어나는 폭력, 사이버 공간에서 일어나는 언어폭력,
도로상에서 일어나는 폭력적인 운전과 언행 등등,
폭력은 이미 일상화되어 우리의 삶이 된 것 같습니다.
주님, 우리를 불쌍히 여겨 주소서.

주님, 폭력이 일상화되어 그에 대해 무감각해진 우리 자신을 발견합니다.
때로는 누군가를 폭력의 희생양으로 만들고
나만 괜찮으면 된다는 식으로 스스로 안위하며 살기도 합니다.
이런 모습이 학교에, 사이버 공간에, 일터에,
심지어 교회에도 있음을 고백합니다.

주님, 십자가를 지시기까지 우리에게 주시려 한
사랑의 복음을 살아 낼 수 있도록 우리를 이끌어 주소서.
이웃을 내 몸과 같이 사랑하라고 하신 그 말씀을 따라
폭력이 아닌 사랑으로 살게 하여 주소서.
폭력이 자리 잡고 주인 행세를 하지 못하도록
우리가 속한 공동체 안에서 십자가 사랑을 선포하고
당신의 주 되심을 고백할 수 있게 이끌어 주소서.
일터와 여러 삶터에서 배제되고 따돌림당하고
희생양이 되고 있는 이들을 먼저 보듬게 하여 주소서.
이를 위해 부활하신 당신이 주시는 참 용기와 담대함을
우리에게 허락해 주소서.

폭력으로 이기려는 세상 속에서,
폭력으로 자신의 안위를 확보하려는 문화 속에서,
폭력으로 진실을 가리고 힘을 과시하려는 모습들 속에서
참으로 십자가를 따르는 성도와 교회가 되게 하여 주소서.
주 예수 그리스도의 이름으로 기도드립니다. 아멘.

◑ 아이들의 안전을 위한 기도

우리를 돌보시고 지켜 주시는 아버지 하나님,
당신은 특별히 연약하고 힘없는 이들의 아버지가 되심을 믿습니다.
하나님 아버지, 당신이 맡겨 주시고 양육하고 돌보라고 보내신
아이들을 생각하며 기도합니다.
특별히 어른들의 도움과 보호 속에서 자라야 할
아이들의 안전을 위해 기도합니다.
어린이집이나 유치원에서 아이들이 학대당하거나
사고를 입은 소식을 들을 때마다
참으로 참담하고 안타까운 마음이 듭니다.
어른들에 의한 아동 범죄 소식과 교통사고로 피해를 입은
아이들의 사례가 가슴을 치게 합니다.

하나님 아버지, 당신의 보호하심과 지키심을 간절히 구합니다.
그리고 당신이 우리에게 맡겨 주신 사명, 곧 생명을 보존하고,
아직은 어려서 자신의 고통과 아픔을
제대로 표현하지 못하는 이들을 대변하며,
작지만 존엄한 이들의 편에 서서
이들을 잘 양육하고 보호해야 할 사명을 다시금 새겨 봅니다.
우리 안에 만연한 폭력과 무관심으로 아이들을 대하지 않고
아이들을 품에 안으신 예수님의 본을 따르며

이들의 안전을 위해 공동체적인 돌봄과 보호를 행하기를 원합니다.
내 아이만 돌보는 마음에서 벗어나
함께 아이들을 양육하고 보호하는 사랑의 끈을 이어 갈 수 있도록
성도들과 교회를 깨워 주소서.
그리고 아이들의 안전과 복지를 위해 애쓰는 이들에게 힘을 주시옵소서.

일과 생활의 염려로 아이들을 제대로 돌보지 못하는
이 나라 부모들의 마음을 헤아려 주소서. 위로해 주소서.
아이들과 함께하는 이 사명을 온전히 행할 수 있도록
부모 된 이들을 회복해 주시고,
아이들을 방치하고 돌보지 못하는 가정이 없어지도록
제도를 바꾸어 가며 애쓰는 이들의 사역도
열매를 맺을 수 있도록 이끌어 주소서.

전 세계적으로 빈곤과 기아와 폭력과 전쟁과 범죄로 인해
고통 받는 아이가 너무나 많습니다.
아버지 하나님, 아이들의 눈물이 그치는 당신의 나라를 소망합니다.
이미 시작된 그 나라의 역사에 따라
우리가 연약한 이들의 눈물을 닦아 주는 일들을 해나갈 때
하나님,
우리가 지혜와 참 긍휼과 용기와 사랑으로 행할 수 있도록 이끌어 주소서.
십자가의 주님, 당신의 마음을 생각하며 기도합니다.
주 예수 그리스도의 이름으로 기도합니다. 아멘.

환자와 의료진을 위한 기도

우리를 돌보시고 치유해 주시는 주님,
아픈 자들과 병든 이들의 고통을 돌아보아 주시고 만져 주신
예수 그리스도 당신의 자비와 긍휼을 생각합니다.
몸을 가지고 살아가는 우리에게 질병은
부활의 나라, 당신이 열어 주신 하나님 나라의 완성을
더욱 희구하게 하는 것임을 고백합니다.
그리고 질병을 통해 우리는 우리가 연약한 인간이며
오직 창조주 되시는 당신을 의지해야 함을 인정하게 됩니다.

하지만 주님, 질병이 주는 아픔과 고통이
우리로 하여금 당신을 바라보지 못하게 하는 어려움을 주기도 합니다.
그래서 간구합니다.
질병으로 고통당하고 어려움 가운데 있는 이들에게
치유하시는 당신의 손길을 베풀어 주옵소서.
그 가족들의 마음도 만져 주소서.

그리고 기도합니다.
치유의 은사와 사명을 받은 의료진들,
특히 그리스도인 의료진들이 주님의 본을 받아
환자들의 병을 기술적으로 '처리'하는 사람들이 아니라

환자들의 고통에 공감하며 인격적으로 진료할 수 있는
보냄 받은 의식을 가지고 행하게 이끌어 주소서.
급박하고도 과중한 업무 부담과 스트레스 속에서
이러한 진료를 하는 것이 결코 쉽지 않지만,
주님이 주시는 지혜와 마음으로 충만하여
의료 현장에서 빛과 소금이 되는 이가 더욱 많아지게 하여 주소서.
참된 진료, 예수 그리스도의 본을 따르는 치료를 고민하고 연구하며
연대하는 이들의 모임이 더욱 주님의 뜻 안에서 행하게 하여 주소서.
기득권을 내려놓고 참 섬김으로 사는 의료진들이
의료 현장의 선교사로서 하나님 나라를 일구어 가는 일에
열매를 맺어 가게 하여 주소서.

의료진들에게 지혜와 힘을 주시길 기도합니다.
주 예수 그리스도의 이름으로 기도드립니다. 아멘.

질병을 마주하며 드리는 기도

십자가를 지시고 죄와 죽음을 치유하신 주님,
치유의 주님께서는 우리의 모든 연약함 가운데 함께해 주시고
우리의 질병을 치유하여 주시는 분이십니다.
우리의 모든 아픔 가운데 함께해 주시고
그 아픔들을 어루만져 주시는 주님,
당신의 선하신 뜻에 따라
병상에 누운 이들과 질병으로 고통 받고 있는 이들을 어루만져 주소서.
질병 앞에서 무력한 모습으로 당신을 의지할 때
위로와 회복의 손길을 베풀어 주소서.
은혜와 긍휼을 구하며 병상을 지키는 이들의 마음을 살펴 주시고,
그 눈물과 한숨을 보듬어 주소서.
주님, 질병을 연구하고 아픈 이들을 치료하는 이들에게
지혜를 더하여 주시고,
누구나 돈 걱정 없이 합당한 치료를 받을 수 있도록
제도를 만들고 시행하는 이들을 붙들어 주소서.
주님, 몸으로 살아가는 오늘의 일상도 온전히 당신께 맡깁니다.
주 예수 그리스도의 이름으로 기도드립니다. 아멘.

죽음을 생각하며 드리는 기도

우리를 사랑하셔서 십자가에서 죽으시고 부활하신 주님,
우리가 주님을 믿고 세례를 받음으로
당신의 죽음과 부활에 참여하게 하여 주시니 감사합니다.
또한 이를 통해 영생을 누리며
당신 안에서 새 소망을 갖고 살 수 있게 하여 주시니 감사합니다.

주님, 이 땅에서 당신과 동행하는 삶을 누릴 뿐만 아니라
죽음의 순간과 죽음 이후에도
당신과 함께할 수 있게 하여 주셔서 감사합니다.
주님, 감사한 마음과 겸손한 모습으로
죽음을 준비하고 맞이할 수 있도록 도우소서.
바로 오늘 이 시간 살아 있음에 온전히 충실할 수 있도록 이끌어 주소서.

주님, 사람에게 정해진 이 죽음에도 불구하고
당신이 주시는 꺼지지 않는 소망 가운데 늘 머물 수 있게 하여 주소서.
비록 우리의 숨결이 사그라들 때
쇠약해진 육체와 질병의 고통으로 힘겨울지라도,
사랑하는 사람들과 잠시 이별하는 아픔에 눈물지을지라도,
죽음을 통과해 생명으로 우리를 맞아 주시는
당신을 온전히 바라보게 하여 주소서.

주님, 죽음을 통해서 일하시는 당신을 신뢰할 수 있도록
우리의 마음을 붙잡아 주소서.
그래서 오직 당신 안에서만, 당신의 손을 통해서만
죽음이 추하고 끔찍한 것이 아니라
당신의 선하신 목적 안에서 아름다운 것이 될 수 있음을
신뢰하도록 붙들어 주소서.
우리 자신의 죽음을 제대로 준비할 뿐 아니라
죽음을 앞둔 이들을 온전히 도울 수 있도록 사랑과 지혜를 주소서.
그리고 사랑하는 사람을 잃고 슬픔 가운데 있는 자들을
진정으로 위로하고 함께할 수 있는 진실한 마음을 주소서.

주님, 때로는 갑작스러운 사건사고로
불시에 죽음이 엄습해 오는 것을 봅니다.
황망한 마음으로 당신을 바라보며 수많은 질문을 던지는
연약한 우리의 마음을 헤아려 주소서.
우리와 함께해 주신다는 당신의 약속에 힘입어
숱한 의문을 가지고 당신 앞에 나올 때,
신실하신 주님이 우리의 손을 잡아 주소서.

주님, 우리가 삶을 통하여 당신께 영광 돌리듯이
죽음을 통하여도 당신을 예배하며
당신께 영광을 돌려 드리게 하여 주소서.
주님 안에서 가족들과 화해하고
사람들과 화평하는 죽음을 맞이할 수 있기를 원합니다.

우리가 죽음을 통해 용서와 화해와 위로의 사역을
잘 감당할 수 있도록 이끌어 주소서.
주님, 죽음의 순간에도 다가올 삶을 향한
믿음의 증거를 나누는 모습이기를 원합니다.
그러니 주님, 죽음의 과정에서도 당신을 향한 믿음과
사람들을 향한 사랑과 부활의 소망을 드러낼 수 있도록
우리를 이끌어 주소서.

주님, 누구에게나 다가오는 죽음을 회피하지 않고
온전히 인정하고 받아들일 때
진정 오늘을 충만하게 살아갈 수 있다는
신비로운 역설을 깨닫게 하여 주소서.
오늘도 죽음을 이기신 당신을 바라보며 소망 가운데 살아갑니다.
당신의 죽음과 부활에 참여하면서
사나 죽으나 당신 안에 있는 참 생명을 누리게 하소서.
주 예수 그리스도의 이름으로 기도드립니다. 아멘.

가난과 나눔을 생각하면서 드리는 기도

가난한 자들을 돌보시고 위로하시는 하나님 아버지,
세상에 만연해 있는 가난의 문제를 가지고 당신 앞에 나아갑니다.
우리 자신이 좀 더 부유해지기 위하여 가난한 이들을 외면하고
심지어는 그들을 억압하는 구조적인 악에 동참하던 모습을
용서하여 주시옵소서.
부유하지만 나누지 않는 이들을 향한
하나님의 경고의 말씀을 겸허히 받아들이고,
가난한 이의 모습으로 오시는 주님을 먹이고 돌보는 일에
헌신하기를 원합니다.
좀 더 검소하고 단순한 삶을 살고, 재능을 나누며,
식량과 재화의 정의롭지 못한 분배 구조를 변화시키기 위해
교회가 먼저 나서게 하여 주소서.
가난을 대물림하는 구조적인 악을 이기기 위해서
정책적, 제도적 노력을 기울이는 이들에게 힘을 주시고,
가난에서 벗어나고 자립하기 위한 이들을 돕는 기관들의 사역에
열매를 더하여 주소서.
주는 것의 기쁨과 나눔의 부요함을 누리게 하시는
주 예수 그리스도의 이름으로 기도드립니다. 아멘.

◐ 이웃을 위한 자리를 만들기 위한 기도

우리를 당신의 형상으로 만들어 주신 삼위 하나님,
사람이 홀로 살 수 없을 뿐만 아니라 더불어 살아야 온전케 되는
이 신비를 묵상합니다.
그러나 하나님, 사람과 사람 사이에 단절과 소외가 자리 잡고
자기 자신을 주장하느라 이웃을 용납하지 않는 일이 편만한 세상입니다.

이웃을 내 몸과 같이 사랑하라 하신 주님의 명령은
이 세상 속에서 얼마나 놀라운 명령인지요!
들을 때는 '그래, 그래야지' 하며 고개를 끄덕이면서도
정작 우리 마음엔
이웃을 위한 작은 자리조차 없는 것을 발견하곤 합니다.
주님, 우리를 긍휼히 여겨 주시옵소서.
우리의 믿음 없음과 사랑 없음을 불쌍히 여겨 주소서.

주님, 버스를 타고 다니며 옆자리에 누군가가 앉는 것조차 싫어하고
귀찮아하는 우리입니다.
고단한 이웃이 잠시 쉬도록 하기보다는
우리 자신의 편함이 더 중요하기 때문입니다.
주님, 연말이 되어야 비로소 가난한 이들을 생각하게 되는 우리입니다.
우리의 지갑 속에는 이웃을 위한 자리가 없기 때문입니다.

주님, 한 시간을 기도하고 일어서도
옆에서 기도하는 성도의 이름이, 소외된 이웃의 이름이
기도의 제목에 없는 우리입니다.
우리의 기도 자리에는 이웃을 위한 자리가 없기 때문입니다.
주님, 운전대를 잡으면 이웃의 사정을 생각하지 않고
양보도 배려도 없어지곤 하는 우리입니다.
운전대에서 우리에겐 이웃의 자리가 없기 때문입니다.

주님, 이웃을 위한 자리가 없는 우리에게
주님의 마음을 허락해 주시옵소서.
우리는 이 땅에서 하나님 나라를 사는 당신의 백성들이며,
당신이 맡기신 것들을 관리하는 청지기임을
삶으로 고백할 수 있도록 이끌어 주시옵소서.
이 땅에서 우리가 소유한다고 생각하는
땅과 집과 재산, 시간과 공간, 재능, 그 모든 것이
우리 자신의 소유가 아니라 당신이 맡기신 것임을 고백합니다.
그리고 이 모든 것은 당신을 사랑하고 이웃을 사랑하며
당신의 나라를 일구어 가라고 잠시 맡기신 것임을 고백합니다.

주님, 일상에서 당신을 온전히 따르는 일이
이웃을 위한 자리를 만드는 일이라면
우리의 무딘 마음과 이기적인 욕심을 내려놓고
순종할 수 있도록 이끌어 주소서.
고단한 이웃이 앉을 수 있게 옆자리를 비워 두고,

이웃을 위해 나눌 돈을 미리 떼어 놓고,
이웃을 위한 기도 제목을 기도의 자리로 가져오는 일상이길 원합니다.
그래서 주님의 법을 따라 사는 주님의 참 백성이 되기를 원합니다.

주님, 오늘도 버스와 지하철 안에서, 거리에서,
일터에서, 시장에서 만나는 이웃들을
당신이 사랑하시는 인격으로 보는 눈을 열어 주소서.
주 예수 그리스도의 이름으로 기도드립니다. 아멘.

일상을
기도로,
기도를
일상으로

성탄절에 드리는 기도

우리를 사랑하사 아들을 보내 주신 하나님 아버지,
당신의 사랑으로 인하여 만물이 회복되는 소망이
우리 안에 있음을 고백합니다.
당신이 만드신 세상을 사랑하시되 끝까지 사랑하시고
이 세상의 회복을 위해 창세부터 지금까지 역사하고 계신
당신의 놀라운 경륜을 이 시간에 찬양합니다.

하나님 아버지, 성탄절을 맞이하여 아기 예수의 오심을 기념합니다.
온 세상에 큰 기쁨과 평화로 오신 예수님을
온전히 기념하고 예배하는 성탄절이 되기를 원합니다.
그리고 그 기념과 예배는 온전히 예수 그리스도를 닮아 가고
그분이 가신 길을 따라가는
제자의 삶으로 드러나야 한다는 생각이 문득 듭니다.

하나님 아버지, 아들이 세상에 오신 것만으로 얼마나 큰 신비인지
고백하지 않을 수 없습니다.
하나님께서 사람이 되신 이 놀라운 사건 앞에서
헤아릴 수 없는 은혜와 높은 사랑을 만납니다.
아버지 하나님, 당신의 그 사랑을 우리가 입었으니
우리도 당신의 사랑처럼 그렇게 살게 하여 주소서.

하나님 아버지, 아들이 세상에 오실 때
높으신 보좌를 버리고 낮아지고 낮아져서
종의 모습으로, 겸손의 왕으로 오신 것을 생각합니다.
그 겸손은 마침내 십자가를 지기까지 복종하신 사랑으로 드러났고,
그 십자가로 인해 우리가 오늘 생명을 얻고
하나님 나라의 소망으로 살 수 있게 되었음을 고백합니다.
아버지 하나님, 이 시간에 간절히 원합니다.
우리도 세상에 오신 예수 그리스도와 같이
겸손히 이 세상을 섬기도록 이끌어 주시옵소서.

하나님 아버지, 아들이 세상에 오실 때 육체를 입으셨고,
마구간이라는 일상으로 들어오셨음을 기억합니다.
우리의 몸이, 우리의 일상이 예수 그리스도를 모실 때
바로 생명과 구원을 담지하는 것이고,
하나님 나라를 사는 것임을 고백합니다.
우리의 몸과 우리의 일상을 하찮다 하지 않으시고
몸을 입으신 예수님께서 일상 속에서 하나님 나라를 여셨으니
우리도 그렇게 하나님 나라를 살 수 있도록 이끌어 주시옵소서.

하나님 아버지, 성탄절입니다.
예수 그리스도를 보내신 아버지 하나님,
육체로 오신 아들 예수 그리스도,
그리고 우리와 함께하시는 주 성령님,
진정한 영광과 감사와 찬양을 받아 주시옵소서.

온 교회와 성도가 오늘만 기쁨과 즐거움에 들뜰 것이 아니라
성육신하신 예수 그리스도의 삶을 따라 살아감으로
매일매일 당신의 오심을 송축하는 삶을 살 수 있도록
우리를 깨워 주소서.
주 예수 그리스도의 이름으로 기도드립니다. 아멘.

송구영신의 때에 드리는 기도

시간의 주인이신 하나님,
천지를 창조하시며 시간을 창조하사
우리에게 선물로 주신 은혜에 감사드립니다.

오늘은 한 해를 마무리하는 날입니다.
그리고 몇 시간 뒤면 새로운 해를 맞이하게 됩니다.
이러한 송구영신의 때에 당신께 기도드립니다.
한 해를 돌아보면서 수많은 사건과 일들 속에서
늘 신실하게 인도하여 주신 하나님께 감사드립니다.
여전히 우리를 사랑하여 주셔서 역사를 이어 주시고
모든 사람이 그리스도께 돌아오기까지 오래 참으시며
지금도 당신의 나라를 활짝 열고 기다리시는
그 자비하심을 생각하며 찬양합니다.

하나님 아버지, 아쉬움이 많이 남은 한 해였지만
당신 안에서 잘 마무리하고 새로운 해를 맞이할 수 있도록
우리의 마음을 주관하여 주소서.

창조주 하나님, 구원하시는 삼위 하나님,
새해를 맞이하면서 기도합니다.

우리에게 주신 시간을 선물로 받을 수 있는 마음을 허락해 주소서.
늘 시간에 쫓겨 살지 않게 하여 주소서.
당신이 베푸신 시간 안에서
당신이, 당신의 일을, 당신의 때에 온전히 행하심을 믿으며
그렇게 시간을 누리며 살 수 있게 하여 주소서.
우리에게 주어진 새해의 시간들을 허탄한 것에 쓰지 않고
하나님 나라를 먼저 구하며,
악한 이때에 세월을 아끼는 지혜를 가지게 하여 주소서.
바쁘고 시간이 없다고 투덜대는 것이 아니라
우리 주님이 그러하셨듯 하나님 아버지와의 끊임없는 소통 가운데
더욱 기도하며 성령 충만하게 살 수 있도록 하여 주소서.
한 해의 시간들을 매일매일 충실히 살아갈 뿐만 아니라
이 매일의 시간이 당신의 나라 안에서 새로운 역사를 써 가는
귀한 시간인 것을 의식하고 살 수 있게 하여 주소서.
조바심을 내기보다 부름 받은 사명 안에서
보냄 받은 곳에서 성령에 민감하게 행할 수 있도록
인도하여 주시옵소서.

새해의 새날들도 모두 당신이 주인 되시며 베푸시는 선물입니다.
오직 당신께만 영광 돌리는 삶이 되길 원합니다.
주 예수 그리스도의 이름으로 기도드립니다. 아멘.

온 세상 모든 나라의 주인이신 주님을 의지하며 드리는 기도
_시편 2편

온 세상 주인 되신 하나님, 모든 나라를 다스리시는 주님,
세상의 왕들과 지도자들이 주님을 대적하여 일어나고
당신의 공의와 사랑의 통치를 벗어나 스스로를 주장하며
스스로의 권력을 휘두르려고 할지라도
이 모든 시도는 헛되고 무용한 일이라는 것을
말씀을 통하여, 역사를 통하여 깨닫게 됩니다.
비록 악한 권력이 사슬에서 풀려난 맹수처럼 전횡을 일삼고
하나님이 없는 것처럼 무도하게 행하며
부끄러움을 모르고 불의를 자행한다 하더라도
하나님께서 세우신 그 나라의 주권자께서
이들을 다스리고 부숴 버리며 망하게 하실 것임을 믿습니다.

그래서 주님, 오늘도 당신의 나라를 살면서
우리가 발 딛고 사는 또 다른 나라의 불의와 모순과
교만과 부정을 인내할 힘을 얻고,
승리의 확신 가운데 촛불을 들 수 있음을 고백합니다.
그러므로 주님, 온 세상 주인이신 당신을 의지함으로
진정한 의미에서 복을 누리는 당신의 백성으로 살 수 있도록
이끌어 주시옵소서.

오늘도 무너지지 않을 것 같은 불의한 권력과
당신을 대적하여 높아진 맘몬의 세력들 속에서
하나님 나라를 노래하며 살 수 있도록 붙들어 주소서.
주 예수 그리스도의 이름으로 기도드립니다. 아멘.

다른 길을 걸으며 드리는 기도

하늘 보좌를 버리고 이 땅 위에 인간으로 오신 주님,
한없는 은혜와 다함없는 사랑으로 우리 가운데 임하시고
우리 죄를 위해 십자가를 지신 주님,
권력과 세력과 재력이 아닌 무력함과 참 능력으로 다스리시고,
높아짐이 아닌 낮아짐으로, 무력이 아닌 평화로
새 나라를 열어 주신 주님,
당신이 걸어가신 그 새로운 길, 세상과 다른 그 길을 생각해 봅니다.
길이요 진리이신 주님,
십자가와 부활의 여정을 통해 당신이 열어 주신 그 진리의 길을 따라
다른 길을 걷는 것이 제자의 삶이라는 것을 새삼 깨닫게 됩니다.
주님, 너른 길이 아니라 좁은 길을 택하라 하신 당신의 말씀을 생각하면서
우리네 인생길을 새롭게 조명해 봅니다.

먼저 당신의 나라를 구하라고 하신 주님,
그 나라를 구하는 일이 우리의 인생길에서 매일 보고 느끼고 생각하며
말하고 행하는 일과 맞닿아 있다는 것을 고백합니다.
우리의 일상적인 선택 속에서,
기도의 내용 속에서, 계획과 실행 속에서
당신이 걸어가신 '다른 길'을 따르는 삶이길 원합니다.
당신의 나라를 구하는 삶이길 원합니다.

우리의 인생을 주관하시고 우리와 함께하시는 주님,
인생길 가운데 우리가 하는 '일'에 대해서도 기도드립니다.
때로는 많은 사람이 걸어가지 않는 길을 걸으며
우리의 일을 통하여 삶에 대한 생각과 가치를 담아내고자 할 때,
우리에게 용기와 지혜와 풍성한 상상력을 더하여 주소서.
우리 자신의 한계와 두려움을 넘어,
다른 이들의 시선과 세상의 통념을 넘어
세상 가운데 일하시는 당신의 일에 동참하는 새로운 시도를 할 때
우리와 동행하여 주소서.
세상을 맑히고 이웃들을 돕는 일이
우리의 일과 맞닿을 수 있도록 열과 성을 다할 때
우리에게 넘치는 즐거움과 새로운 힘을 더하여 주소서.
때때로 지치고 넘어질지라도
우리의 눈이 흐려지지 않도록 붙들어 주소서.

주님, 다른 길을 걸어가면서 기도합니다.
주님의 길을 올곧게 바라볼수록 더욱 기도할 수밖에 없음을 고백합니다.
당신을 따라 다른 길을 걸으며 길을 내는 삶을 살아가고
그 여정 가운데 함께하는 이들과 즐거이 동행할 수 있도록 이끌어 주소서.
우리의 길이 되신
주 예수 그리스도의 이름으로 기도드립니다. 아멘.

_____를 하며 드리는 기도

지금 이곳에서 함께 하나님 나라를 일구어 가는
일상기도: 두 번째 기도

초판 발행	2019년 5월 30일
지은이	정한신
발행인	김수억
발행처	죠이선교회(등록 1980. 3. 8. 제5-75호)
주소	02576 서울시 동대문구 왕산로19바길 33
전화	(출판부) 925-0451
	(죠이선교회 본부, 학원사역부, 해외사역부) 929-3652
	(전문사역부) 921-0691
팩스	(02) 923-3016
인쇄소	송현문화
판권소유	ⓒ죠이선교회
ISBN	978-89-421-0417-8 04230
	978-89-421-0415-4 04230 (세트)

책값은 뒤표지에 있습니다.
잘못된 도서는 교환하여 드립니다.
이 책 내용을 허락 없이 옮겨 사용할 수 없습니다.

이 도서의 국립중앙도서관 출판예정노서목록(CIP)은 서지정보유통지원시스템 홈페이지(http://seoji.nl.go.kr)와 국가자료공동목록시스템(http://www.nl.go.kr/kolisnet)에서 이용하실 수 있습니다.(CIP제어번호: CIP2019017883)